BERT WISGER

Orgeln in den Niederlanden

1981

MERSEBURGER

INHALT

VORWORT

Kein europäisches Land kann einen solch reichen Schatz gut erhaltener kleiner und großer Orgeln des 17. bis 19. Jahrhunderts sein eigen nennen wie die Niederlande, denn kaum anderswo sind die kunsthandwerklichen Traditionen des Orgelbaus so lange bestimmend gewesen und im 20. Jahrhundert inzwischen so nachhaltig wieder aufgegriffen worden. Orgeln und Orgelmusik erfreuen sich in den Niederlanden zudem seit jeher besonderer Popularität, wovon nicht zuletzt auch die „draaiorgels" oder „pierements" im Straßenbild holländischer Städte kraftvoll und fröhlich künden.

Diesem Orgelland gilt die Internationale Tagung der Gesellschaft der Orgelfreunde 1981 mit Sitz in Utrecht. Die vorliegende Veröffentlichung soll, wie auch schon in vorangehenden Jahren, zunächst dem Tagungsteilnehmer Angaben zu den besuchten Orgeln an die Hand geben. Die Auswahl der hier beschriebenen Instrumente ist also vom Tagungsprogramm bestimmt. Dieses will den Teilnehmern vor allem eine repräsentative Auswahl von Orgeln verschiedener Größenordnungen vom 16. bis nach der Mitte des 19. Jahrhunderts vorstellen. Das reiche Erbe historischer Instrumente erforderte, die Auswahl moderner Orgeln auf eine kleine Zahl besonders charakteristischer Werke zu beschränken.

Beschränkung ist überhaupt das schwierigste Problem bei der Planung von Orgeltagungen, und so wird auch hier manches wichtige Instrument vermißt werden. Abgesehen von den durchaus verschiedenartigen Auffassungen über die „Wichtigkeit" der einen oder anderen Orgel spielen hier vor allem organisatorische Rücksichten eine Rolle. Die Reiserouten müssen sich in praktikablen Grenzen halten, und manche Orgeln und Kirchen sind 1981 nicht vorführbar bzw. unzugänglich; das gilt etwa für die berühmten Instrumente in Alkmaar und Haarlem.

Die Angaben zu den einzelnen Orgeln sollen einerseits mehr als Erbauer, Baujahr und Disposition bieten, erheben andererseits aber nicht den Anspruch erschöpfender technischer und historischer Orgelmonographien. Weitergehende Nachrichten sind in der zu den einzelnen Instrumenten angegebenen Literatur sowie in der Bibliographie zur niederländischen Orgelgeschichte zu finden.

Bei der Übersetzung wurden die niederländischen Registernamen beibehalten, da sie zumeist ohne weiteres verständlich sind. Nur zwei Bezeichnungen bedürfen vielleicht einer Erläuterung: die „Holpijp" ist ein Gedackt, die „Baarpijp" ein offenes konisches Register. Alle Orgeln verfügen – wenn nicht anders erwähnt – über Schleifladen mit rein mechanischer Spiel- und Registertraktur.

Bert Wisgerhof, der zusammen mit Hans Kriek die Tagungsleitung innehat, gilt für sein Manuskript der Dank der Teilnehmer und der Gesellschaft der Orgelfreunde.

Siegen, im Februar 1981 *Hermann J. Busch*

BREDA, GROTE – OF ONZE LIEVE VROUWEKERK

Die Geschichte dieser Orgel beginnt schon 1534. Sie wurde vermutlich von Hans Graurock, Orgelbauer in Emmerich/Niederrhein, gebaut und hatte drei Manuale und Pedal. Diese Anordnung blieb erhalten, bis der Orgelbauer und Glockenspieler Jacobus Zeemans aus Breda die Orgel 1710/12 zu einem Werk mit zwei Manualen und Pedal umbaute und sie aus dem südlichen Seitenschiff an die Westwand der Kirche verlegte. Glücklicherweise behielt Zeemans den größten Teil des wertvollen Materials von 1534 bei.

1785/89 führte der Orgelbauer Jan Schot Reparaturen aus und baute neue Windladen für Oberwerk und Rückpositiv. 1904 begann eine Kirchenrestaurierung, die 1936 so weit vorangeschritten war, daß Chorraum und Querhaus für den Gottesdienst in Gebrauch genommen werden konnen. Die Orgel wurde damals von der westlichen Turmwand entfernt und gegenüber dem Chor angebracht. Bei dieser Gelegenheit wurde sie durch die Firma H. W. Flentrop, Zaandam, restauriert. Sie hatte danach 26 Register auf Hauptwerk, Rückpositiv und Pedal.

Der Abschluß der Kirchenrestaurierung in den sechziger Jahren erforderte, daß die Orgel wesentlich vergrößert wurde. Es wurde beschlossen, das Werk auf 53 Register in Hauptwerk, Rückpositiv, Oberwerk, Brustwerk und Pedal zu erweitern. Dieser Plan wurde 1968/69 durch die Firma D. A. Flentrop, Zaandam, ausgeführt. Die Beratung lag bei dem Organisten der Kirche, Jaap Hillen, Dr. Maarten A. Vente und den beiden staatlichen Orgelsachverständigen Dr. H. L. Oussoren und C. H. Edskes.

Der Organist hatte zuvor in Athis (Belgien) eine kleine Orgel mit sieben Registern angekauft, die von ca. 1815 stammte, und von der Windlade und Pfeifenwerk für das neue Brustwerk verwendet wurden. Auch die beiden Zungen des Oberwerks kommen aus anderen Orgeln: Die Schalmei 8' stammt aus der ehemaligen Orgel der Pfarrkirche in Walshoutem (Belgien), die um 1750 von Jean-Baptiste le Picard aus Lüttich gebaut wurde. Die Hobo 8' ist ein Geschenk des Bischofs von Breda, sie stammt aus der früheren Orgel der Kathedrale von Breda, 1883 von Charles Anneessens aus Geraardsbergen (Belgien) gebaut.

Die erhaltenen Teile der alten Orgel wurden wieder verwendet: Teile von Gehäuse und Front des Rückpositivs (1534), die Windladen von Rückpositiv und Oberwerk (1789) und das alte Pfeifenmaterial. Das Hauptgehäuse von 1712, das Hauptwerk, Oberwerk, Brustwerk und Pedal aufnehmen mußte, war hierfür zu klein und überdies von schlechter Qualität. Dieses Gehäuse wurde deshalb durch ein ganz neues ersetzt, das in Formgebung und Dimensionen vom alten Rückpositivgehäuse inspiriert ist.

Seit 1969 lautet die Disposition der Orgel:

Hauptwerk (II) C–g^3

Prestant	16'	ab c^1 2f.
Prestant	8'	
Roerfluit	8'	1969
Octaaf	4'	1969
Quintadeen	4'	1969
Quint	3'	1969
Octaaf	2'	1969
Cornet disc. V	8'	
Mixtuur IV-V		1969
Scherp III-IV		1969
Trompet	16'	1969 •
Trompet	8'	1969

Oberwerk (III) C–g^3

Gedekt	16'	
Prestant	8'	ab c^0 2f., 1969
Holpijp	8'	
Viola	8'	
Octaaf	4'	
Openfluit	4'	
Nasard	3'	
Fluit	2'	1969
Terts	$1^3/_5$'	1969
Flageolet	1'	1969
Mixtuur III-IV		
Schalmei	8'	ca. 1750
Hobo	8'	1883

Koppeln:

RP/P; HW/P; OW/P;
RP/HW; OW/HW; BW/HW

Rückpositiv (I) C–g^3

Prestant	8'	ab f^0 2f.
Holpijp	8'	
Octaaf	4'	
Fluit	4'	ged.
Octaaf	2'	
Quint	$1^1/_2$'	1969
Sexquialter II		1969
Mixtuur IV		1969
Dulciaan	8'	1969
(Tremulant)		

Brustwerk (IV) C–g^3

Gedekt	8'	
Quintadeen	8'	
Prestant	4'	
Roerfluit	4'	
Gemshoorn	2'	
Quint	$1^1/_2$'	
Cornet disc. V	8'	
Vox humana	8'	
(Tremulant)		

Pedal C–f^1

Prestant	16'	1969
Subbas (offen)	16'	
Octaaf	8'	1969
Gedekt	8'	
Roerquint	6'	1969
Octaaf	4'	1969
Nachthoorn	2'	1969
Mixtuur V		1969
Bazuin	16'	1969
Trompet	8'	1969
Klaroen	4'	1969

Außerdem befindet sich in dieser Kirche noch eine Kabinettorgel, 1778 von Johannes Strümphler aus Amsterdam gebaut. Vom Pfeifenwerk sind nur Holpijp 8' und die

Breda, Grote Kerk, Hauptorgel

große Oktave von Flöte 4' original. Die übrigen Pfeifen stammen aus späterer Zeit und sind von geringerer Qualität. Die Disposition:

Manual C–d^3

Prestant disc.	8'	Fluit bas/disc.	4'
Holpijp	8'	Roerquint bas	3'
Viola disc.	8'	Quint disc.	3'
Prestant bas/disc.	4'	Octaaf bas/disc.	2'

DEVENTER, GROTE – OF SINT LEBUÏNUSKERK

Die jetzige Hauptorgel dieser Kirche wurde in den Jahren 1836/39 von Johann Heinrich Holtgräve (1798–1844) erbaut. Dieser aus Westerkappeln bei Osnabrück stammende Orgelbauer kam 1828 nach den Niederlanden, wo er bei dem Orgelbauer C. F. A. Naber in Deventer in Dienst trat. Um 1835 machte er sich in Deventer als Orgelbauer selbständig.

1835 wurde die Orgel der Grote Kerk, die ihre damalige Gestalt 1720/22 durch Franz Caspar Schnitger erhalten hatte, von Holtgräve gründlich untersucht. Naber und Holtgräve wurden aufgefordert, aufgrund der Ergebnisse dieser Untersuchung einen Plan für einen Orgelneubau vorzulegen. Holtgräve erhielt den Auftrag, da sein Angebot das günstigere war, allerdings mit der Auflage, daß auf Anraten des Utrechter Orgelbauers C. G. F. Witte der Plan noch reduziert würde.

Holtgräve übernahm eine Anzahl Pfeifen, vier Blasbälge und einen Teil der Windkanäle aus der alten Orgel. Das Instrument wurde 1839 fertig und umfaßte 45 Register auf

Hauptwerk, Rückpositiv, Oberwerk und Pedal. 1890/92 wurde die Orgel von der Firma P. van Oeckelen & Zonen, Haren, repariert, wobei alle Zungenstimmen erneuert wurden. Eine weitere Reparatur wurde 1956 von der Firma Willem van Leeuwen, Leiderdorp, vorgenommen.

Schließlich wurde die Orgel 1972/75 unter Beratung durch Dr. Maarten A. Vente durch die Firma D. A. Flentrop, Zaandam, restauriert. Die Anlage der Traktur wurde verändert, um die Spielart zu verbessern; die neun alten Spanbälge wurden wieder angeschlossen. Hauptwerk, Rückpositiv und Pedal wurden vollständig wieder auf den Zustand von 1839 gebracht, das Oberwerk nur zum Teil. Zur Rekonstruktion der Zungenstimmen fanden gründliche Studien an der Franz-Caspar-Schnitger-Orgel in Alkmaar statt. Am 3. September 1975 wurde die Orgel wieder in Gebrauch genommen.

Die jetzige Disposition:

Hauptwerk (II) C–f^3

Prestant	16'	1839
Bourdon	16'	1839
Octaaf	8'	1722 und älter
Roerfluit	8'	1722
Octaaf	4'	16. Jahrh./1839
Gemshoorn	4'	1722/1839
Quint	3'	1839
Octaaf	2'	vor 1722/1839
Cornet disc. V	8'	1839
Sexquialter disc. IV		1722/1839
Mixtuur IV-VIII		1722/1839
Fagot	16'	1975
Trompet	8'	1975

Oberwerk (III) C–f^3

Baarpijp	8'	vor 1722/1839
Viola di Gamba	8'	1839
Holpijp	8'	1839
Octaaf	4'	1722 und älter
Openfluit	4'	1839
Quintfluit	3'	1722
Woudfluit	2'	1722
Tertsfluit	$1^3/_5$'	1975
Scherp IV-VI		1975
Trompet	8'	1975
Vox humana	8'	1975
(Tremulant)		

4 Sperrventile

Rückpositiv (I) C–f^3

Prestant	8'	1839; ab c^1 2f.
Holpijp	8'	1839
Quintadeen	8'	1839
Octaaf	4'	1839
Roerfluit	4'	1839 und älter
Quint	3'	1722/1839
Octaaf	2'	1722/1839
Fluit	2'	1722
Mixtuur III-VI		1722/1839
Trompet	8'	1975
Dulciaan	8'	1975
(Tremulant)		

Pedal C–d^1

Prestant	16'	1839
Subbas	16'	1839
Octaaf	8'	vor 1722/1839
Fluit bas	8'	1839
Quint	6'	vor 1722
Octaaf	4'	vor 1722/1839
Fluit	4'	1839
Bazuin	16'	1975
Trompet	8'	1975
Trompet	4'	1975

Koppeln:

RP/HW, geteilt;
OW/HW, geteilt; HW/P

Die Chororgel dieser Kirche wurde 1942/50 von der Firma G. van Leeuwen & Zoon, Leiderdorp, gebaut. Sie hat elektrische Traktur und 13 Register.

GOUDA, GROTE – OF SINT JANSKERK

Die Hauptorgel dieser prächtigen Kirche wurde in den Jahren 1732 bis 1736 durch Jean-François Moreau aus Rotterdam gebaut.

Die Eltern Moreaus kamen aus Flandern, ihr Sohn Jean-François verbrachte den größten Teil seiner Jugend bereits in Holland und ließ sich mit ca. dreißig Jahren in Rotterdam als Orgelbauer nieder. Das Auffallendste am Prospekt der Goudaer Orgel, das völlige Fehlen kleiner Pfeifenfelder, könnte mit seiner südniederländischen Herkunft zusammenhängen. Dieser in jedem Fall wenig holländische Zug geht einher mit einigen anderen Elementen, die sehr wohl in der holländischen Tradition stehen. So ruht das Hauptgehäuse auf Säulen, die eine Reminiszenz an den Stil der Orgelbauer Duyschot darstellen. Auch die flachen Pilaster mit Kapitellen im Hintergrund passen in dieses Bild, genauso wie der geschwungene Übergang zwischen Untergehäuse und Prospektbasis des Hauptwerks.

In der Disposition zeigt sich Moreau ganz als Holländer. Mehrere Parallelen lassen sich zu der kurz zuvor vollendeten Garrels-Orgel in Maassluis feststellen. So hatte das Rückpositiv neben dem Cornet noch einen Diskantprinzipal 16', das Oberwerk zeigt die charakteristische Flötenbesetzung, und neben der Quintade fehlt dort auch nicht die Vox humana. Auch die Mixturen sind reich besetzt, auffallend der Tertian wie bei Müller, auffallend das Fehlen einer Cymbel.

Ab 1754 ist Joachim Hess Organist in Gouda, der 1774 seine berühmte Dispositionssammlung erscheinen ließ. In der Einleitung zu seiner Beschreibung der Moreau-Orgel urteilt er über sein Instrument: „*Vollendet, soweit es die heutige Kunst vermag.*"

Einen wichtigen Umbau erfuhr die Orgel 1836/1838. Der Orgelbauer Hendrik Berends Lohman aus Groningen, seit 1835 in Gouda niedergelassen, erneuerte die Klaviaturen und ersetzte einige Register durch andere. 1855 und 1893 wurde an der Orgel durch C. G. F. bzw. J. F. Witte aus Utrecht gearbeitet. Zu Beginn unseres Jahrhunderts führte die Firma J. de Koff aus Utrecht einige Reparaturen aus, wobei auch das Oberwerk in einen Schwellkasten gestellt wurde.

1959/60 fand eine Restaurierung durch die Firma D. A. Flentrop in Zaandam statt. 1979/81 wurde die Moreau-Orgel schließlich vollständig durch die Firma Ernst Leeflang (Jan Keijzer) in Apeldoorn restauriert. Dabei wurde die wertvolle historische Substanz beibehalten.

Die jetzige Disposition:

Hauptwerk (II) C–d³

Prestant	16'
Prestant	8'
Holpijp	8'
Quint	6'
Octaaf	4'
Openfluit	4'
Superoctaaf	2'
Cornet disc. V	8'
Tertiaan II	
Mixtuur V-VI	
Trompet	16'
Trompet	8'
Schalmei	4'

Rückpositiv (I) C–d³

Bourdon	16'	
Prestant	8'	Disk. 2fach
Holpijp	8'	
Fluit travers	8'	
Octaaf	4'	
Fluit douce	4'	
Quint	3'	
Superoctaaf	2'	
Woudfluit	2'	
Sexquialter II		geteilt
Cornet disc. VI	8'	
Mixtuur VI	2'	
Scherp VI	1'	
Trompet	8'	
Dulciaan	8'	
(Tremulant)		

Oberwerk (III) C–d^3

Prestant	8'	
Echoholpijp	8'	
Quintadena	8'	
Salicionaal	8'	
Viola di Gamba	8'	
Octaaf	4'	
Echofluit	4'	
Nasard	3'	
Nachthoorn	2'	
Flageolet	1'	
Sexquialter III		geteilt
Mixtuur IV	1'	
Echotrompet	8'	
Vox humana	8'	
(Tremulant)		

4 Sperrventile
Calcant

Pedal C–e^1

Prestant	16'
Subbas	16'
Prestant	8'
Wijdgedakt	8'
Octaaf	4'
Holfluit	2'
Mixtuur VI	
Bazuin	16'
Trompet	8'
Clairon	4'
Cornet	2'

Koppeln:

RP/P; HW/P; RP/HW; HW/RP; OW/HW; OW/RP

Die Chororgel dieser Kirche wurde 1975 von der Firma Ernst Leeflang (Jan Keijzer), Apeldoorn, unter Beratung durch den Organisten Arie J. Keijzer erbaut, der auch bei der Restaurierung der Hauptorgel als Sachverständiger tätig war.

Die Chororgel hat folgende Disposition:

Hauptwerk (II) C–g^3

Prestant	8'
Roerfluit	8'
Octaaf	4'
Gedekte fluit	4'
Woudfluit	2'
Mixtuur V-VI	

Pedal C–f^1

Subbas	16'	
Prestant	8'	(Transm.)
Octaaf	4'	(Transm.)
Trompet	8'	

Brustwerk (II) C–g^3

Holpijp	8'	
Blokfluit	4'	
Quint	$2^2/_3$'	ab c^0
Prestant	2'	
Terts	$1^3/_5$'	ab c^0
Octaaf	1'	
Regaal	8'	
(Tremulant)		

Koppeln:

BW/HW; HW/P; BW/P

An der Rückseite der Orgel ist folgender Spruch angebracht:

„Wij timmeren aan de weg,
wat zullen we ons nog wensen,
de zegen komt van God,
de gunst van goede mensen."

Gouda, Grote-of Sint Janskerk, Chororgel

HATTEM, GROTE – OF SINT ANDREASKERK

Die Chororgel dieser Kirche ist eine der ältesten Orgeln in den Niederlanden. Ihre Anfänge gehen wahrscheinlich in die Mitte des 16. Jahrhunderts zurück, der Erbauer ist unbekannt. Im Lauf der Zeiten wurde verschiedentlich an der Orgel gearbeitet. Gegen Ende des 16. Jahrhunderts nahm Jan Slegel I eine Reparatur vor, 1632 reparierte ein unbekannter Orgelbauer. 1677 wurde das Instrument durch Jan Slegel III aus Kampen durchgreifend verändert. Er erneuerte das Obergehäuse vollständig oder zumindest größtenteils und machte aus dem 3'- ein 8'-Werk. Außerdem fügte Slegel an der Vorderseite der Lade eine Kopfschleife für einen Prinzipal 8' an. Er vergrößerte die Windlade um vier Kanzellen und die Klaviatur um vier Tasten. Wahrscheinlich behielt Slegel alles vorhandene Pfeifenwerk bei. 1677 wurden auch die noch vorhandenen Flügeltüren angebracht und bemalt. Das Resultat dieses Umbaus wird in lyrischer Weise in einem langen Gedicht von B. Bornmann beschrieben, das auf der Außenseite der Türen angebracht ist.

1875 arbeitete der Kampener Orgelbauer Zwier van Dijk an der Orgel. Er erneuerte die Trompete 8' und brachte an der Rückseite eine Kopfschleife an, auf der ein Prinzipal 16' Diskant aufgestellt wurde. Hierzu wurde die Rückwand des Orgelgehäuses verändert. Auch erneuerte van Dijk die Klaviatur und veränderte die Stimmung. Bei der Restaurierung von 1974, die durch die Firma D. A. Flentrop, Zaandam, durchgeführt wurde, hat das man schwer beschädigte Pfeifenwerk sorgfältig wiederhergestellt und die ursprüngliche Tonhöhe und mitteltönige Temperierung rekonstruiert. Die 1875 durch van Dijk hinzugefügte Kopfschleife wurde entfernt und die Rückwand erneuert. Auch die ursprüngliche Bemalung der Türen, die im vorigen Jahrhundert zweimal übermalt worden war, wurde wiederhergestellt. Vom Pfeifenwerk datiert der größere Teil aus dem 16. Jahrhundert, der Prestant 8' ist von 1677, die Trompete 8' von 1875 wurde beibehalten. Ein Teil von Tertian und Mixtur mußte 1974 neu gemacht werden. Die Windlade stammt auch aus dem 16. Jahrhundert mit Hinzufügungen von Slegel

1677. Auch das Gehäuse datiert größtenteils aus diesem Jahr, ebenso die drei Spanbälge. Die Klaviatur wurde 1974 nach alten Vorbildern rekonstruiert, wobei die kurze Oktave wiederhergestellt wurde.

Manual C, D, E, F, G, A–c^3

Prestant	8’ 1677	Fluit	2’
Holpijp	8’	Tertiaan II	ab cis^1, $1\frac{1}{3}$’ + $\frac{4}{5}$’
Octaaf	4’	Mixtuur IV	
Roerfluit	4’	Trompet	8’ 1875
Octaaf	2’		

Pedal C, D, E, F, G, A–g^0 angehängt

Zusammenstellung der Mixtur:

C								$\frac{1}{2}$’	$\frac{1}{3}$’	$\frac{1}{4}$’	$\frac{1}{6}$’
c^0						1’	$\frac{2}{3}$’	$\frac{1}{2}$’	$\frac{1}{3}$’		
c^1				$1\frac{1}{3}$’	1’	1’	$\frac{2}{3}$’				
c^2	$2\frac{2}{3}$’	2’	2’	$1\frac{1}{3}$’							

1975 wurde ebenfalls durch Flentrop eine neue Hauptorgel gebaut, die ein pneumatisches Instrument von 1928 ablöste. Durch Vermittlung des Beraters der Gemeinde, Drs. J. Boogaarts, konnte in Waterloo (Belgien) ein Gehäuse angekauft werden, das 1855 durch den Orgelbauer François Bernard Loret aus Mechelen gebaut worden war. Stil und Struktur dieses Gehäuses legten es nahe, eine Übereinstimmung zwischen Äußerem und Innerem anzustreben, und so entstand ein Instrument im südniederländisch-französischen klassischen Stil. Das Gehäuse von Loret wurde ergänzt durch ein neues Gehäuse für das Rückpositiv, das dem Hauptgehäuse nachgebildet ist.

Von der Firma Flentrop wurden gründliche Untersuchungen zur Bauweise klassischer Orgeln des Südens angestellt, u. a. an der Clicquot-Orgel von Souvigny. Das Instrument erhielt eine Temperierung nach Chaumont, die Mechanik ist von Eichenholz.

Grand-Orgue (II) C–g^3		*Positif (I)* C–g^3	
Bourdon	16’	Bourdon	8’
Montre	8’	Prestant	4’
Bourdon	8’	Flûte	4’
Prestant	4’	Nasard	3’
Flûte	4’	Doublette	2’
Nasard	3’	Tierce	$1\frac{3}{5}$’
Doublette	2’	Larigot	$1\frac{1}{2}$’
Cornet sup. IV	4’	Fourniture III	1’
Plein jeu IV	$1\frac{1}{3}$’	Cromorne	8’
Cymbale III	$\frac{1}{3}$’		
Trompette	8’		
Voix Humaine	8’		
Clairon	4’		

Pédale C–f[1]			*Récit (III)* a^0–g^3	
Soubasse	16'		Bourdon	8'
Flûte	8'		Cornet V	8'
Bourdon	8'	(mit Rohren)	Hautbois	8'
Prestant	4'			
Bombarde	16'		*Koppeln:*	
Trompette	8'		Positif/Grand-Orgue, Grand-Orgue/Pedal Tremulant	

Literatur: Hans Kriek: *Restauratie van het Koororgel in de Grote Kerk te Hattem,* in: Het Orgel 1976, S. 245–248.
Hans Kriek: *Nieuw hoofdorgel in de Grote Kerk te Hattem,* in: Het Orgel 1976, S. 315–318.

HELMOND, SINT LAMBERTUSKERK

1770 wandte sich die Prämonstratenserabtei von Averbode im belgischen Brabant an den Orgelbauer Guillaume Robustelly in Lüttich. In ihrer prächtigen Klosterkirche, einem der Höhepunkte der kirchlichen Barockarchitektur in Belgien, fehlte eine Orgel. Robustelly, geboren in Herzogenrath bei Aachen, war Schüler und Nachfolger von Jean-Baptiste le Picard in Lüttich.

Nach dem in Averbode erhalten gebliebenen Vertrag sollte die neue Orgel aus vier Werken bestehen: Positif, Grand-Orgue, Echo und Récit. Das Pedal sollte nach belgischer Gewohnheit nur an das Grand-Orgue angehängt werden. 1772 war das große Instrument fertiggestellt. Das Gehäuse wurde nach Zeichnungen Robustellys durch die Schreiner des Klosters angefertigt.

1797 wurde das Kloster aufgehoben. Die Abteigebäude erhielten eine andere Bestimmung, die Kirche wurde zur Pfarrkirche des kleinen Dorfes Averbode degradiert. Die Orgel wurde abgebaut und zunächst in Kisten eingelagert.

1822 konnte die Kirchengemeinde St. Lambertus in Helmond die Orgel für 4200 Franken ankaufen. Sie wurde von Arnold Graindorgue, Orgelbauer in Lüttich, hergerichtet und auf einer neuen Empore in der mittelalterlichen Kirche aufgestellt. Dabei wurde das Instrument nur geringfügig verändert, die vorhandene Anlage blieb erhalten, lediglich einige Register wurden durch neue ersetzt.

1856/61 wurde die alte Kirche durch das heutige neugotische Gebäude ersetzt. Die Wahl für die Überarbeitung und Wiederaufstellung der Orgel in der neuen Kirche fiel auf die Werkstatt F. C. Smits in Reek/Brabant. Dabei erfuhr das Instrument einschneidende Veränderungen.

Récit und Echo mit ihrem unvollständigen Umfang wurden durch ein vollständig ausgebautes Brustwerk ersetzt, das im Untergehäuse rechts und links der Klaviaturen Platz fand. Durch das Verlegen der beiden Hauptwerksladen entstand Platz für ein freies Pedal, dessen Disposition auffallend klassisch ist. Ferner beseitigte Smits manche Register, stellte andere um und baute eine Reihe neuer Stimmen ein.

1898 und 1929 fanden Reparaturen statt, die keine großen Folgen hatten, lediglich zwei Register des Positifs wurden 1929 durch Streicher ersetzt.

1954 wurde das Instrument einer durchgreifenden Restaurierung durch die Firma L. Verschueren, Heythuysen, unterworfen. In der gutgemeinten Absicht, der Orgel einen mehr ,,barocken" Charakter zu geben, wurden eine Reihe von Registern eingebaut oder geändert, ohne daß man sich genügend mit der alten Bauweise vertraut gemacht hatte. Glücklicherweise wurden an dem alten Material keine irreversiblen Veränderungen vorgenommen, Windladen und Traktur wurden nur global hergerichtet. Dies war der Grund dafür, daß man schon in den sechziger Jahren wieder an eine neue Restaurierung dachte. 1971 wurde dafür von der Firma Verschueren ein Plan entwickelt. Hans van der Harst war als Berater tätig, die Aufsicht hatte der ,,Rijksadviseur voor Orgels". Es wurde beschlossen, die Anlage von Smits beizubehalten, aber die wenig glücklichen Eingriffe von 1954 rückgängig zu machen. Grand-Orgue und Positif sollten in den Zustand von 1772 zurückgeführt werden, Brustwerk und Pedal von Smits in den Zustand von 1862. Windladen, Windversorgung und Mechanik mußten gründlich wiederhergestellt, 10 Register neu angefertigt werden.

1974/75 wurde die Restaurierung durch Verschueren ausgeführt. Obwohl von ausgesprochen südlichem (belgisch-französischem) Charakter, eignet sich die Orgel doch ausgezeichnet zur Wiedergabe auch nichtfranzösischer Musik. Die frühromantischen Elemente, die Smits dem Werk hinzufügte, machen auch das Spiel romantischer Musik möglich.

Die Disposition seit der letzten Restaurierung:

Grand-Orgue (II) C–f^3

Bourdon	16’	1772
Montre	8’	1772/1862
Bourdon	8’	1772
Prestant	4’	1772
Flûte	4’	1772
Nazard	3’	1772
Doublette	2’	1772
Tierce disc.	$1^{3}/_{5}$’	1975
Sesquialter II		1975
Fourniture IV	1’	1772
Cymbale IV	$^{1}/_{2}$’	1975
Cornet disc. V	8’	1975
Bombarde	16’	1772
Trompette	8’	1772
Voix Humaine	8’	1772
Clairon	4’	1772

Echowerk (III) C–f^3

Holpijp	8’	1772/1862
Salicionaal	8’	1862
Prestant	4’	1772/1862
Fluit	4’	1772/1862
Blokfluit	2’	1862/1975
Sesquialter II		1975
Dulciaan	8’	1862, geteilt
Vox humana	8’	1975

Positif (I) C–f^3

Bourdon	8’	1772
Prestant	4’	1772
Flûte	4’	1772
Nazard	3’	1975
Doublette	2’	1772
Tierce	$1^{3}/_{5}$’	1772/1975
Sesquialter II		1772
Fourniture IV	1’	1975
Cymbale III	$^{1}/_{3}$’	1975
Cornet disc. IV	4’	1822/1975
Trompette	8’	1772
Cromhorne	8’	1772, geteilt

Pedal C–f^1 (Lade bis d^1)

Subbas	16’	1862
Prestant	8’	1772
Fluit	8’	1862
Prestant	4’	1772/1822
Mixtuur III	2’	1772/1862
Bazuin	16’	1772/1822
Fagot	16’	1862
Trompet	8’	1954
Kromhoorn	4’	1772
Cinck	2’	1772

Koppeln:

Positif/Grand-Orgue, Echo/Grand-Orgue, Grand-Orgue/Pedal, Positif/Pedal; Tremblant

Literatur: Hans van der Harst: *Het orgel in de Sint Lambertuskerk in Helmond,* in: Het Orgel 1976, S. 138–152.

HILVERSUM, GROTE KERK

Dreimal vermeldet die Geschichte dieser Kirche einen großen Brand. 1629 waren es Kriegsereignisse, bei denen neben einer großen Zahl von Häusern auch die Kirche abbrannte.

Am 25. Juni 1766 ging ein großer Teil von Hilversum in Flammen auf, Folge eines Brandes, der beim Schmelzen von Fett in einer Metzgerei entstanden war. *„Auch Kirche, Kirchtore und Pfarrhaus wurden vom Feuer verschlungen."*

Am 3. Dezember 1971 brannte die Kirche ganz aus, als bei Klempnerarbeiten am Dach Feuer entstand.

Nach dem Brand von 1766 wurde die Kirche rasch wiederaufgebaut, aber es dauerte noch bis 1788, bis der Utrechter Orgelbauer Abraham Meere eine neue Orgel aufstellte.

1890 wurde diese Kirche durch ein neues Gebäude im Neo-Renaissance-Stil ersetzt. Die Meere-Orgel wurde 1903 durch ein neues Instrument abgelöst, das von der Firma Leichel & Zoon in Lochem mit pneumatischen Kegelladen gebaut wurde.

Diese Orgel ging beim Brand 1971 verloren. Vor allem durch die Anstrengungen der „Stichting Herbouw Grote Kerk" konnte die Kirche wiederaufgebaut und 1977 wieder in Gebrauch genommen werden. Die Stiftung bat Hans van der Harst, sie bei Ankauf und Restaurierung einer historischen Orgel zu beraten.

Das Ergebnis war, daß eine Orgel mit bewegter Geschichte für die Grote Kerk gekauft wurde. Das Instrument wurde 1854 durch Wilhelm Rütter in Kevelaer für die St.-Josefs-Kirche in Gouda erbaut. Rütter (1812–1887) baute viele Orgeln in Rheinland und in den Niederlanden. Er war Autodidakt und entwickelte einen ganz eigenen Stil, der sehr traditionell, fast klassisch ist.

Andere Orgeln Rütters finden wir in der St. Jodocuskerk in Hernen (1856) und in der Geref. Plantagekerk in Schiedam (1881).

Rütter lieferte die Orgel nach Gouda mit 28 Registern, 13 im Hauptwerk, 8 im Unterpositiv und 7 im Pedal. 1904 wurde das Instrument durch die Firma Gabry in Gouda in der im neugotischen Stil neuerbauten Kirche wieder aufgestellt. Dort tat es seinen Dienst bis 1924. In jenem Jahr wurde für diese Kirche von den „Vereenigde Nederlandsche Kerkorgelfabrieken" in Aalten eine neue pneumatische Orgel geliefert. Die Rütter-Orgel wurde an die Sint Antoniuskerk in Ulft verkauft. Als auch dort 1950 eine neue Orgel aufgestellt wurde, zog die alte Orgel wieder einmal um, diesmal in die Kirche der Geref. Gemeente in Vlaardingen. Diese Umstellung wurde durch die Orgelbauer Wattel in Utrecht vorgenommen. Als in den siebziger Jahren die Gemeinde in Vlaardingen eine neue größere Kirche baute, wurde beschlossen, die Rütter-Orgel nicht wieder aufzustellen. Sie wurde an die Firma Ernst Leeflang in Apeldoorn verkauft, die eine Gelegenheit abwartete, um ihr eine neue passende Bestimmung zu geben. Sie war seinerzeit in einem traurigen Zustand. Einige Register waren im Laufe der Jahre durch andere ersetzt worden, die mechanische Traktur des Pedals hatte einer pneumatischen Platz gemacht, das spätbarocke Gehäuse hatte durch die Entfernung fast aller Ornamente gelitten, und das Instrument war stark vom Holzwurm befallen. 1979 wurde es durch die Firma Leeflang sorgfältig restauriert. Dabei wurden u. a. eine neue Pedallade mit Gehäuse angefertigt, das alte Gehäuse wiederhergestellt und neu farblich gefaßt, verschwundene Register in passender Bauweise rekonstruiert und die Klaviaturen restauriert. Die Metallpfeifen sind aus 22 % Zinn.

Hauptwerk (II) C–f^3

Bourdon	16'	C–h^1 Holz
Principal	8'	C–g^1 im Prospekt
Hohlpfeife	8'	C–h^0 Holz
Viola di Gamba	8'	C–h^0 1979; c^1–f^3 1854
Octave	4'	
Rohrflöte	4'	
Nasard	3'	
Octave	2'	
Tertz	$1^3/_5$'	z. T. 1979
Cornett disc. III	$2^2/_3$'	
Mixtur III	2'	
Fagott	16'	C–h^0 1854; c^1–f^3 1979, geteilt
Trompete	8'	

Positiv (I) C–f^3

Bourdon	8'	C–h^0 Holz
Salicional	8'	C–H aus Bourdon
Principal	4'	
Flauto dolce	4'	C–H Holz
Quintflöte	3'	
Octave	2'	1979, urspr. Flauto Traverso 4'
Waldflöte	2'	
Krummhorn	8'	1979, geteilt
(Tremulant)		

Pedal C–d^1

Subbass	16'	Holz
Octave	8'	Holz
Octave	4'	1979
Posaune	16'	1979

Koppeln:

HW/P; Pos./P;
geteilte Manualkoppel
Winddruck 75 mm

Literatur: M. H. van 't Kruys: *Disposities . . .*, Rotterdam 1885, S. 54; Mr. A. Bouman: *Orgels in Nederland,* Amsterdam 1949, S. 128; Hans van der Harst: *Twee Rijnlandse orgels in Hilversum,* in: Het Orgel 1980, S. 202–206.

Hilversum, Grote Kerk

KAMPEN, BOVEN – OF ST. NICOLAASKERK

Das älteste Pfeifenwerk in der Orgel (vor allem die Flöten 4' und 2') stammt wahrscheinlich von Jan Morlet (1629). 1676 vollendete Jan Slegel den Bau einer neuen Orgel, dabei verwendete er Material aus dem alten Instrument. Albertus Anthoni Hinsz führte 1741–43 umfangreiche Arbeiten an der Orgel aus: er entwarf ein neues Gehäuse, erneuerte alle Windkanäle, die Laden und das Regierwerk. Bei dieser Gelegenheit wurde die ursprüngliche Disposition um einige Register erweitert.

In den Jahren 1788–90 bauten H. H. Freytag und F. C. Schnitger jr. aus Groningen ein selbständiges Pedal mit acht klingenden Stimmen ein. Sie fügten ein Brustwerk mit vier Stimmen hinzu, das vom Manual des Oberwerks zu spielen war. Der Dulciaan 8' des Rückpositivs wurde in dieses neue Brustwerk übernommen. Das Rückpositiv erhielt dafür ein Fagot 16'.

Zwischen 1790 und 1866 arbeiteten die Orgelbauer van Gruisen (Leeuwarden), Scheuer (Zwolle) und Naber (Deventer) an dem Instrument. 1866 versah der Orgelbauer Zwier van Dijk aus Kampen das Brustwerk mit einem eigenen Manual. Er baute auch einige Register hinzu.

1974/75 restaurierten Bakker & Timmenga aus Leeuwarden das Instrument. Man fragte sich, welche Disposition jetzt als Grundlage dienen sollte: die von 1790 oder die von 1866. Schließlich fand man eine Lösung, die es ermöglichte, acht Register aus der Zeit um 1825 beizubehalten. Zwischen dem Hauptwerk und dem ursprünglichen Oberwerk war genügend Raum, so daß eine neue Oberwerkslade eingebaut werden konnte. Darauf fanden diese acht Register Platz. Dies Oberwerk II wird vom gleichen Manual aus gespielt wie das ursprüngliche Oberwerk (Oberwerk I). Beide Werke können gekoppelt werden.

Das Pfeifenwerk der Orgel ist bestens erhalten. Infolgedessen brauchte an der Intonation fast nichts verändert zu werden. Der Klang des bereits vorhandenen Pfeifenwerkes diente beim Bau der neuen Register als Vorbild. Die Stimmung der Orgel ist gleichschwebend. Sie liegt einen halben Ton höher als heutzutage gebräuchlich (gis^1 = 440 Hertz).

Hauptwerk (II) C–c^3

Prestant	16'	1743
Bourdon	16'	1676
Prestant	8'	1676/1743
Holpijp	8'	1676
Octaaf	4'	1676
Fluit	4'	1676
Quint	3'	1676
Superoctaaf	2'	1676
Tertiaan II		1975
Mixtuur III-V		1676, geteilt
Scherp III		1975
Trompet	16'	1743, geteilt
Trompet	8'	1743

Oberwerk 1 (III) C–c^3

Prestant	8'	1676/1743
Roerfluit	8'	1743
Quintadeen	8'	1676
Octaaf	4'	1975
Fluit	4'	1629
Speelfluit	3'	1743
Woudfluit	2'	1629
Nassat	$1^1/_2$'	1975
Scherp III		1975
Vox humana	8'	1676/1743
(Tremulant)		

Oberwerk 2 (III) C–c^3 (ca. 1825)

Holpijp	8'
Salicionaal	8'
Fluit travers	8'
Principaal	4'
Spitsfluit	2'
Flageolet	1'
Carillon disc. III	
Trompet	8'

Rückpositiv (I) C–c^3

Prestant	8'	1743
Holpijp	8'	1676
Octaaf	4'	1743
Fluit	4'	1676/1743
Gedakt Quint	3'	1743/1975
Octaaf	2'	1676
Fluit	2'	1743/1975
Sifflet	1'	1975
Sexquialter disc. III		1975
Mixtuur III-IV		1676/1743
Fagot	16'	1790
(Tremulant)		

Brustwerk (IV) C–c^3

Gedakt	8'	1790, geteilt
Fluit	4'	1790, geteilt
Woudfluit	2'	1790
Dulciaan	8'	1743
(Tremulant)		

Pedal C–d^1

Prestant	16'	(Transm. HW)
Subbas	16'	1790
Octaaf	8'	1790
Gedakt	8'	1790
Roerquint	6'	1790
Octaaf	4'	1790
Openfluit	2'	1975
Bazuin	16'	1790
Trompet	8'	1790
Cornet	4'	1790

Koppeln:

RP/HW; OW/HW; OW1/OW2; BW/OW; HW/P

KAMPEN, O. L. VROUWE – OF BUITENKERK

Die Buitenkerk in Kampen, im 14. Jahrhundert als zweite Pfarrkirche gegründet, ist in ihrer heutigen Form eine spätgotische Hallenkirche mit Querschiff und Chor. 1963–77 wurde die Kirche vollständig restauriert.

Die ältesten Nachrichten über eine Orgel datieren von 1481, als der Orgelbauer Johan ten Damme an der Orgel arbeitete. 1505 erhielt das Instrument ein Rückpositiv. 1629 und 1656 führten Mitglieder der Orgelbauerfamilie Morlet Reparaturen und Veränderungen aus.

Kurz nach 1750 war die Orgel in einem so verfallenen Zustand, daß der Kampener Magistrat Albertus Anthoni Hinsz aus Groningen den Auftrag zu einer durchgreifenden Wiederherstellung gab. Nach der Erneuerung der Orgel der Bovenkerk war Hinsz den Auftraggebern kein Unbekannter. In einem neuen Gehäuse wurde ein teilweise neues Orgelwerk gebaut, wobei wichtige Teile der alten Orgel übernommen wurden, so Pfeifen und Mechanik. Neu wurden die Laden, die Klaviatur und die Registertraktur, die Windversorgung, ein Teil der Mechanik und das Gehäuse. Bei der Fertigstellung hatte die Orgel 18 Register, verteilt auf Hauptwerk, Brustwerk und Pedal.

1810 wurde das Instrument durchgreifend von dem Amsterdamer Orgelbauer Leonard van den Brink verändert. Die Disposition wurde dem herrschenden Geschmack angepaßt, die Aufstellung der Windladen verändert.

Im Laufe des 19. Jahrhunderts arbeiteten noch verschiedene Orgelbauer an dem Instrument: van Gruisen, Leeuwarden (1819); Naber, Deventer (1847); Zwier van Dijk, Kampen, (1857, 1875, 1883/85) und Jan Proper, Kampen (1898). Die schon 1810 veränderte Disposition erfuhr weitere Wandlungen, wobei vor allem die Füllstimmen zugunsten von Grundstimmen weichen mußten. In den dreißiger Jahren kamen Pläne, die Orgel durch ein großes pneumatisches Werk zu ersetzen, glücklicherweise nicht zur Durchführung.

1974/77 wurde das Instrument durch die Firma Jos. Vermeulen, Alkmaar, restauriert. Dabei wurde die Situation von 1754 zum Ausgangspunkt genommen. Die Klaviaturen wurden nach authentischen Vorbildern von Hinsz rekonstruiert, ebenso die veränderte Schiebekoppel. Die Windladen wurden repariert und an ihren ursprünglichen Platz gebracht. Gleichzeitig wurde ein kleines freies Pedal hinter dem Gehäuse aufgestellt. Für seine Labialregister fand Pfeifenwerk des 19. Jahrhunderts aus dem Besitz des Orgelbauers Verwendung. Auch wurden die vier alten Spanbälge wiederhergestellt und wieder angeschlossen.

Das Pfeifenwerk, das zu einem großen Teil aus dem 16. und 17. Jahrhundert stammt, wurde sorgfältig wiederhergestellt. Die Tonhöhe ist ca. $^1/_4$ Ton über Normal, die Stimmung fast gleichschwebend. Der Winddruck beträgt 70 mm.

Hauptwerk (I) C–c^3

Quintadena	16'	
Prestant	8'	
Fluit dous	8'	
Octaaf	4'	
Spitsfluit	4'	1754
Mixtuur IV-VI	2'	1977
Scherp III-IV	$^2/_3$'	1977

Pedal C–d^1

Subbas	16'	
Octaaf	8'	
Trompet	8'	1977

Sesquialter

C			$1^1/_3$'	$^4/_5$'
c^0		2'	$1^1/_3$'	$^4/_5$'
c^1	$2^2/_3$'	2'	$1^3/_5$'	

Brustwerk (II) C–c^3

Holpijp	8'	
Quintadena	8'	
Prestant	4'	
Fluit	4'	
Gedakt Quint	3'	1977
Octaaf	2'	
Gemshoorn	2'	1977
Cornet disc. III	4'	
Sesquialter II-III	$1^1/_3$'	
Trompet	8'	

Koppeln:

Schiebekoppel BW/HW;
HW/P
2 Sperrventile

Cornet

c^1	4'	$3^1/_5$'	$2^2/_3$'

MAARSSEN, HERVORMDE KERK

Die Orgel dieser Kirche wurde nach einer Inschrift 1790 von dem bekannten Orgelbauer Abraham Meere aus Utrecht fertiggestellt. Es existieren noch zwei Quellen aus diesen Jahren. Die erste ist in der Fortsetzung der Dispositionssammlung von Hess zu lesen (Joachim Hess: *Dispositien van Kerk-Orgelen welke in Nederland worden aangetroffen.* Hrsg. v. J. W. Enschede, Amsterdam 1906):

„*Maarssen. In dieser Kirche wurde 1790 eine Orgel durch A. Meere in Utrecht aufgestellt. Sie enthält 2 Manuale und 15 Stimmen.*"

In van der Aa's reisekundlichem Wörterbuch finden wir folgende Notiz:

„*Im Jahre 1790 wurde in dieser Kirche eine schöne und kostbare Orgel aufgestellt. Sie ist ein Geschenk von Frau Agneta Geertrudia, Baronesse van Lokhorst, Witwe des Herrn Francis de Wit, zu Lebzeiten Bürgermeister der Stadt Amsterdam. Das benötigte Geld wurde dazu testamentarisch vermacht.*"

Hieraus geht hervor, daß diese Orgel, wie es seinerzeit oft geschah, ein Geschenk ist. Leider blieb der Bauvertrag unauffindbar, das gilt auch für spätere Quellen über Wartung und Reparatur. Nur die Rechnungsbücher sind erhalten geblieben. Daraus ist zu ersehen, daß Meere die Orgel bis ungefähr 1835 in Pflege hatte, wobei 1814 eine große Reparatur für 250,– fl. stattfand, während ihm 1819 ein Betrag von 467,– fl. für eine früher vorgenommene Reparatur bezahlt wurden.

Ab 1836 wurde die Orgel durch die Firma J. Bätz & Co. in Utrecht gestimmt, später durch die beiden Generationen Witte, bis zur Auflösung der Firma 1902. 1849 wurde das Gehäuse bemalt, wofür 350,– fl. ausgegeben wurden. Wesentliche Veränderungen fanden im 19. Jahrhundert nicht statt.

1908 folgte eine Reparatur durch J. van Dijk aus Rijswijk, wobei wahrscheinlich im Oberwerk die Register Flageolet 1' und Vox humana 8' durch Fluit Travers 8' und Viola di Gamba 8' ersetzt wurden, beide aus minderwertigem Material.

1939 fand eine weitgehende Veränderung statt, ausgeführt von der Firma N. A. van Dam aus Utrecht. Sie brachte ein pneumatisches Transmissionspedal mit zwei Registern an, auf einer Kegellade hinter dem Gehäuse aufgestellt. Daneben wurden für den Baß von Bourdon 16' neues Pfeifenwerk gemacht, der Doppelchor des Prestant 8' und der Terzchor der Mixtur stillgelegt und die Prospektpfeifen mit Aluminiumbronze bestrichen.

1979/80 wurde die Orgel von der Firma Flentrop Orgelbouw unter Beratung von Hans Erné vollständig restauriert. Dabei wurden alle frühere Veränderungen rückgängig gemacht, Gehäuse, Windladen, Traktur und Pfeifen sorgfältig repariert und die Disposition wiederhergestellt. Die Vox humana 8' wurde nach dem Vorbild der Meere-Orgel der Hervormde Kerk in Sommelsdijk (1821) wiederhergestellt. Darüber hinaus wurde ein freies Pedal hinzugefügt, das in einer Nische hinter der Orgel Platz fand. Gehäuse und Brüstung wurden neu bemalt durch die Firma van Beesd, Vianen.

Hauptwerk (I) C–f^3		
Bourdon	16'	Baß 1980, Diskant 1790
Prestant	8'	Diskant 2fach
Quintadeen	8'	
Octaaf	4'	
Quintfluit	3'	
Octaaf	2'	
Cornet disc. IV	4'	
Mixtuur III-VI	2'	geteilt, mit Terzchor
Trompet	8'	geteilt
(Tremulant)		

Pedal C–d^1 (1980)	
Subbas	16'
Prestant	8'
Trompet	8'

Oberwerk (II) C–f^3		
Holpijp	8'	Metall
Gemshoorn	4'	
Roerfluit	4'	
Gemshoorn	2'	
Flageolet	1'	1980
Vox humana	8'	1980
(Tremulant)		

Koppeln:

HW/P; geteilte Manualkoppel

2 Sperrventile

NAARDEN, GROTE – OF SINT VITUSKERK

In der zweiten Hälfte des 14. Jahrhunderts wurde mit dem Bau der Kirche begonnen, die im Laufe des 15. Jahrhunderts ihre heutige Form als gotische Basilika erhielt.

Um 1520 wurde von einem unbekannten Meister eine Orgel mit drei Manualen, Blockwerk, Oberwerk und Rückpositiv gebaut. Das Werk wurde 1598 durch den Utrechter Orgelbauer Peter Jansz de Swart verbessert, wobei das Blockwerk erhalten blieb. Diese gotische Orgel tat bis 1862 Dienst, als sie durch das heute noch vorhandene Instrument ersetzt wurde. Es wurde 1862/63 von dem Utrechter Orgelbauer C. G. F. Witte (Firma J. Bätz & Co.) erbaut. Bei ihrer Fertigstellung hatte die Orgel 45 Register auf Hauptwerk, Rückpositiv, Echowerk und freiem Pedal. Damit war dies die größte von Witte sen. je gebaute Orgel, zugleich die letzte niederländische Orgel des 19. Jahrhunderts mit Rückpositiv.

Den neugotischen Prospektentwurf hatte Witte schon vor 1850 für die Rotterdamer Zuiderkerk angefertigt. Er wurde dort abgelehnt, und es sollte mehr als zehn Jahre dauern, bis er in Naarden doch noch realisiert werden konnte. In der Disposition führte Witte eine Reihe von Neuerungen ein. Das Hauptwerk erhielt ein Gemshorn 8', das Echowerk eine Fluit anglais 8' und eine Clarinette 8' und das Pedal einen Violon 16'. Das Werk zeigt in seiner Anlage deutlich deutschen Einfluß.

Eine Besonderheit dieser Witte-Orgel war das hinter dem Hauptwerk aufgestellte Echowerk, dessen Klang nur indirekt den Kirchenraum erreichte. Es ist zu bedauern, daß diese Aufstellung bei der letzten Restaurierung der Orgel verändert wurde.

Bis 1902 lag die Wartung bei der Firma Witte, dann bei der Firma J. de Koff in Utrecht, die 1925 eine Restaurierung besorgte. 1965 wurde die Orgel wegen der Kirchenrestaurierung abgetragen.

1978/79 wurde das Instrument durch die Firma Flentrop Orgelbouw, Zaandam, gründlich restauriert. Dabei mußte die Windversorgung geändert werden. Die Bälge waren vor der Restaurierung in einer Kammer im Turmraum untergebracht. Die Denkmalpflege wollte diese Kammer entfernen und so wurden die Bälge an die Stelle verlegt, an der sich das Echowerk befand, das nun als Oberwerk aufgestellt wurde. Darüber hinaus wurde dessen Lade um 180° gedreht, damit keine Pfeifen gekröpft werden mußten. Dadurch sprechen die Register, die ursprünglich ganz im Hintergrund des Gehäuses standen, jetzt sehr direkt in den Kirchenraum.

Hauptwerk (II) C–f^3

Prestant	16'
Prestant	8'
Bourdon	8'
Gemshoorn	8'
Quint	6'
Octaaf	4'
Openfluit	4'
Quint	3'
Octaaf	2'
Cornet disc. V	8'
Mixtuur IV	
Trompet	16'
Trompet	8'

Oberwerk (III) C–f^3

Prestant	8'
Holfluit	8'
Fluit anglais	8'
Viola	8'
Salicet	4'
Roerfluit	4'
Gemshoorn	2'
Echotrompet	8'
Clarinet	8'

Koppeln:

RP/HW; OW/HW; HW/P

Rückpositiv (I) C–f^3

Prestant disc.	16'
Bourdon	16'
Prestant	8'
Roerfluit	8'
Flûte harmonique	8'
Octaaf	4'
Fluit	4'
Nasard	3'
Woudfluit	2'
Cornet disc. V	8'
Mixtuur III	
Fagot	16'
Trompet	8'

Pedal C–e^1

Prestant	16'
Subbas	16'
Violon	16'
Octaaf	8'
Violoncel	8'
Quint	6'
Octaaf	4'
Bazuin	16'
Trombone	8'
Cornet	4'

Ventiel, Calcant

Im Chor hängt seit 1938 eine Chororgel, die 1937 im Auftrag der niederländischen Regierung von der Firma H. W. Flentrop, Zaandam, für die Weltausstellung in Paris geliefert wurde. Der fächerförmige Prospekt wurde im Atelier von Prof. F. A. Eschauzier entworfen, die Ornamente in getriebenem Blei von Nel Klaassen. Die stark von Auffassungen der Orgelbewegung beeinflußte Disposition und die Mensuren sind von Dirk Andries Flentrop. Das Instrument hat elektropneumatische Kegelladen und wurde nach der Ausstellung in Paris in Naarden aufgestellt.

I. Manual

Roerfluit	8'
Praestant	4'
Mixtuur IV	
Schalmei	8'

II. Manual

Quintadeen	8'
Openfluit	4'
Praestant	2'
Scherp III-IV	

Pedal

Subbas	16'	
Praestant	8'	
Gedekt	8'	Auszüge
Octaaf	4'	Auszüge
Flageolet	2'	Auszüge

Normalkoppeln,
2 freie Kombinationen, Tutti

Literatur: Dr. M. A. Vente: *Die Brabanter Orgel,* Amsterdam 1958, S. 25; Jan Jongepier: *Over het werk van de Orgelmaker Chr. G. F. Witte,* in: *De orgelmakers Witte,* Gorinchem 1978; Ders.: *75 jaar Flentrop Orgelbouw,* Zaandam 1978.

NIJMEGEN, GROTE – OF SINT STEVENSKERK

Im Dezember 1773 gab der Rat der Stadt Nijmegen dem Orgelbauer Ludwig König aus Köln den Auftrag zum Bau einer neuen Orgel für die St. Stevenskerk. Der Kontrakt vom 15. Dezember 1773 sah u. a. folgendes vor:

König soll für die Dauer der Arbeiten (die auf höchstens drei Jahre festgelegt werden) ein Haus in der Steenstraat samt den darin vorhandenen Gerätschaften zur Verfügung gestellt werden. Außerdem erhält er Räumlichkeiten für das Anfertigen der großen Pfeifen. Empore und Orgelgehäuse im Louis-XV-Stil werden gesondert in Auftrag gegeben. Die Treppen gehen auf Rechnung der Stadt, die auch für einen Bälgetreter beim Intonieren sorgt. Der Vertrag enthält auch die Disposition und Angaben über die zu verwendenden Materialien und Konstruktionen.

Das Werk wurde in der vereinbarten Zeit fertiggestellt. In einem Bericht vom 10. September 1776 bekunden die Organisten J. Potholt aus Amsterdam, J. Radeker aus Haarlem und Y. Bruinsma aus Nijmegen ihre große Zufriedenheit mit dem Instrument. Am 15. September 1776 wird die Orgel zum ersten Mal im Gottesdienst gebraucht.

Im Laufe der Jahre wurden Reparaturen und Änderungen an Disposition und Stimmung vorgenommen. Auch die Intonation wurde durch Kernstiche verändert, hohe Mixturchöre und Terzen wurden stumm gemacht. 1926 fand in diesem Sinne ein Umbau durch die Firma J. de Koff & Zoon in Utrecht statt, wobei auch das Oberwerk in einen Schwellkasten gestellt wurde.

Als die Kirche am 22. Februar 1944 bei einer Bombardierung schwer beschädigt wurde, hatte die Orgel schon einiges von ihrem ursprünglichen Charakter verloren, doch war der größte Teil des Pfeifenwerks noch vorhanden, wenn auch verändert. Die Bomben haben die Orgel nicht unheilbar getroffen, da man sie in Sicherheit brachte, während die Stadt in Flammen stand.

1968/70 wurde das Instrument durch die Firma de Koff restauriert. Dabei wurde die Disposition in ihrer ursprünglichen Gestalt wiederhergestellt. Die ursprüngliche Tonhöhe (ca. $^1/_2$ Ton unter Normal) wurde wieder eingerichtet, wozu die Pfeifen angelängt werden mußten.

Die durch den Kriegsschaden zerstörte C-Lade des Pedals samt Pfeifenwerk mußte neu angefertigt werden. Im April 1970 konnte das restaurierte Instrument wieder in Gebrauch genommen werden. Das klangliche Resultat erwies sich als rühmlich, doch ließ die Tastentraktur zu wünschen übrig. Sie wurde deshalb 1974 durch die Firma D. A. Flentrop in Zaandam mit gutem Ergebnis zu einem großen Teil neu angefertigt. Die bei der Restaurierung eingebauten zweiarmigen Klaviaturen wurden von Flentrop durch einarmige Tasten ersetzt, wie sie auch König verwendet hatte.

Die König-Orgel ist ein einzigartiges Instrument. Dies wird in erster Linie von der Disposition geprägt, in der sich südliche und nördliche Züge mischen. Alle Mixturen besitzen Terzchöre, und das Hauptwerk verfügt über eine „grosse Tierce". Die Zungen sind auffallend kräftig. Bemerkenswert ist vor allem die Disposition des Oberwerks, das eher für die Improvisation als für die Kompositionen des 18. Jahrhunderts geeignet scheint.

Nijmegen, Grote-of Sint Stevenskerk, Hauptorgel

Hauptwerk (II) C–f[3]

Prestant	16’	
Octaaf	8’	
Gemshoorn	8’	
Roergedakt	8’	
Quintgedakt	6’	
Octaaf	4’	
Roergedakt	4’	
Tertiaan	$3^{1}/_{5}$’	
Superoctaaf	2’	
Fournituur III		
Mixtuur VI	1’	
Trompet	16’	geteilt
Trompet	8’	

Rückpositiv (I) C–f[3]

Bourdon	16’	
Prestant	8’	
Klein Bourdon	8’	
Fluyt Travers disc.	8’	
Octaaf	4’	
Fluyt à bek	4’	
Quint	3’	
Klein Octaaf	2’	
Flageolet	1’	
Carillon disc. III 4’, $1^{3}/_{5}$’, 1’		
Mixtuur VI	1’	
Trompet	8’	1970
Basson	8’	1970
Vox humana	8’	1970
(Tremulant)		

Oberwerk (III) C–f[3]

Quintadena	16’		
Koppel	8’(Principal)		
Viola di Gamba	8’		
Wijd Gedakt	8’		
Octaaf	4’		
Nasard	3’ + 2’	1970	
Superoctaaf bas	2’		} auf 1 Zug
Carillon disc. III			} auf 1 Zug
Cornet disc. VI 8’, $5^{1}/_{3}$’, $2^{2}/_{3}$’, 2’, $1^{3}/_{5}$’			
Quintfluit	$1^{1}/_{2}$’	1970	
Mixtuur V		1970	
Hautbois disc.	8’	1970	} auf 1 Zug
Trompet bas	4’	1970	} auf 1 Zug
Vox humana	8’	1926	
Vox angelica bas	2’	1970	
Echo disc.	8’		
(Tremulant)			

Pedal C–d[1]

Principaal	16’
Subbas	16’
Violonbas	16’
Quintbas	12’
Octaafbas	8’
Roerbas	8’
Quint	6’
Octaaf	4’
Bombarde	16’
Trompet	8’
Clairon	4’
Cornetbas	2’

Koppeln: BW/HW; RP/HW; HW/P

Mixtur HW

C								1’		$^{2}/_{3}$’	$^{1}/_{2}$’	$^{2}/_{5}$’	$^{1}/_{3}$’	$^{1}/_{4}$’
c^0					2’		$1^{1}/_{3}$’	1’	$^{4}/_{5}$’	$^{2}/_{3}$’	$^{1}/_{2}$’			
c^1				$2^{2}/_{3}$’	2’	$1^{3}/_{5}$’	$1^{1}/_{3}$’	1’		$^{2}/_{3}$’				
c^2	$5^{1}/_{3}$’	4’	$3^{1}/_{5}$’	$2^{2}/_{3}$’	2’		$1^{1}/_{3}$’							

Mixtur RP

C						1’		$^{2}/_{3}$’		$^{1}/_{2}$’		$^{2}/_{5}$’	$^{1}/_{3}$’	$^{1}/_{4}$’
c^0					$1^{1}/_{3}$’	1’	$^{4}/_{5}$’	$^{2}/_{3}$’		$^{1}/_{2}$’	$^{1}/_{2}$’			
c^1			2’		$1^{1}/_{3}$’	1’	$^{4}/_{5}$’	$^{2}/_{3}$’	$^{2}/_{3}$’					
c^2	4’	$2^{2}/_{3}$’	2’	$1^{3}/_{5}$’		1’1’								

Die Chororgel stammt von etwa 1670, der Erbauer ist unbekannt. Bis 1965 stand sie in der Pfarrkirche von St. Quintens bei Tienen/Belgien. In diesem Jahr wurde sie von der Gemeinde Nijmegen angekauft und nach Abschluß der Kirchenrestaurierung 1974 von der Firma Gebr. Vermeulen, Weert, unter Beratung von Dr. M. A. Vente und unter Aufsicht durch die Staatliche Denkmalpflege restauriert.

Das Instrument ist von ausgesprochen südlicher Bauart. Es hat kurze Oktave, und besonders merkwürdig ist die Zusammensetzung der Mixtur, die in der höchsten Oktave die 16'-Resultante enthält. Dies Register ist eindeutig nicht für polyphone Musik geeignet und ist vergleichbar den Mixturen altfranzösischer Orgeln (Petit Andely, Houdan). Durch die Schleifenteilung einiger Register und die Diskantstimmen Cornet und Sesquialter hat das Instrument viele solistische Möglichkeiten. Obwohl es nicht unmöglich ist, passende Literatur für diese Orgel zu finden, ist sie am besten improvisatorisch zu spielen. Die Tonhöhe ist knapp einen halben Ton unter Normal.

Manual C, D, E, F, G, A–c^3

Bourdon	8'		Quinte bas	$1^{1}/_{2}$'	1974
Prestant	4'		Cornet disc. IV	4'	
Flûte	4'		Sexquialtera disc. II		1974
Nasard	3'	geteilt	Fourniture III	1'	
Doublette	2'		Trompette	8'	geteilt
Quarte de Nasard	2'				
Tierce	$1^{3}/_{5}$'				

Pedal C, D, E, F, G, A–a^0

angehängt

Chororgel

In der Südkapelle befindet sich ein Positiv von etwa 1740, gebaut von dem Orgelbauer van Brakel. Es befand sich bis 1965 in der Kirche von Ommeren und wurde damals nach Nijmegen verkauft. 1968 wurde es durch die Firma J. de Koff & Zoon in Utrecht restauriert.

Manual

Prestant disc.	8'	Roerfluit	4'
Holpijp	8'	Octaaf	2'
Prestant	4'		

Südkapelle

In der Nordkapelle befinden sich das Gehäuse und die originale Windlade einer Orgel, die 1848 durch Arnold Clerinckx in Sint-Truiden für die Pfarrkirche von Beverst in Belgisch-Limburg gebaut wurde. Das meiste Pfeifenwerk ist jüngeren Datums und minderer Qualität. Einige Register sprechen gleichzeitig auf beiden Manualen.

I. Manual

Prestant	8'
Roerfluit	8'
Prestant	4'
Octaaf	2'
Cornet disc. III	
Mixtuur III	
Trompet	8' geteilt

I. und II. Manual

Bourdon	8'
Fluit	4'
Nasard	3'
Sesquialter disc. II	

Pedal

angehängt

OIRSCHOT, SINT PETRUS' BANDEN-KERK

Einer der größten, wenn nicht der größte Orgelbauer des 19. Jahrhunderts in Südholland war unzweifelhaft Franciscus Cornelis Smits (1800–1876), der in dem kleinen ostbrabantischen Reek geboren wurde. In seinem langen Leben verließen zahlreiche Orgeln verschiedenster Größe und Anlage seine Werkstatt. Smits' Œuvre umfaßt Kabinettorgeln, viele kleinere und mittelgroße Orgeln sowie eine Reihe dreimanualiger Instrumente. Die meisten waren für Kirchen in Brabant bestimmt.

Heute zeugen noch etwa 20 Orgeln von dem großen Können des Meisters aus Reek. Neben den Neubauten widmete sich Smits auch der Restaurierung und Erweiterung alter Orgeln. Es ist bezeichnend, daß er keinen Lehrmeister hatte und sich schon in frühem Alter mit der Herstellung von Pfeifen aus Ried und Blei beschäftigte. Anhand der Standardwerke von Dom Bédos und van Heurn und im Umgang mit alten Orgeln entwickelte Smits einen Stil mit ganz persönlichen Merkmalen. Gerade dadurch, daß er nicht auf den Traditionen einer bestehenden Werkstatt aufbaute, entstand ein origineller Orgelbaustil, der immer wieder Überraschungen bietet.

In dem durchgängig recht einförmigen Dispositionsbild des 19. Jahrhunderts stehen die Dispositionen von Smits ganz eigenständig da, wofür sonst in den Niederlanden wenig gebräuchliche Register zeugen wie z. B. Veldfluit, Echoholpijp, Cifelet, Fugara, Kromhoorn, Musette, Serpent, Cinck, Euphone, Harmonica. Ebenso vielfältig ist das Bild der Mensuren, Konstruktionen, Mixturenzusammenstellungen und Gehäuseformen. Bei aller Vielfalt ist das Klangbild der Smits-Orgel immer so spezifisch, daß es unverkennbar ist. Die Principale sind zurückhaltend, flötig und ein wenig melancholisch, die Flöten durchweg voll und rund. Die aufschlagenden Zungen sind in südlicher Art recht kräftig, die durchschlagenden viel charakteristischer als bei den Zeitgenossen.

Smits' Gehäuse zeigen viele Formen und Stile. Einige verbinden spätbarocke mit klassizistischen Elementen, andere präsentieren sich im neugotischen Stil. Zu der historisierenden Gestaltung gehören auch ziselierte Pfeifen und Spiegelfelder.

Seit 1978 befindet sich in der alten Stiftskirche von Oirschot die Orgel, die Smits 1843/46 für die Sint-Pieters-Kerk in 's-Hertogenbosch baute. Sie ist mit 45 Registern auf drei Manualen die größte von ihm gebaute Orgel. Sint Pieter war seinerzeit die Hauptkirche der Stadt. Es ist darum nicht verwunderlich, daß die Orgel in dieser Kirche größer werden mußte als die berühmte Orgel in der Sint Jansbasiliek. Sowohl die Disposition als auch der Prospekt sind dieser Orgel nachgebildet, ohne daß man von einer Kopie sprechen kann. Vielmehr ist die Sint-Pieters-Orgel eine freie Fantasie über das alte Thema.

Als zu Beginn der siebziger Jahre St. Pieter in 's-Hertogenbosch geschlossen wurde, suchte man nach einer passenden neuen Bestimmung für die Orgel. Diese wurde in der Kirche von Oirschot gefunden, wo sie ein elektropneumatisches Instrument von 1953 ersetzte. Die Smits-Orgel wurde 1977/78 durch die Firma L. Verschueren restauriert, die Beratung hatten der „Rijksadviseur" für Orgeln und Hans van der Harst. Das monumentale Werk hat nicht weniger als 12 Zungen, darunter einige durchschlagende. Der Cornet hat, wie bei Smits üblich, keinen Terzchor. Terzregister sind durch den funkelnden Carillon und einen Sesquialter in Flötenmensur vertreten.

Oirschot, Sint Petrus' Bandenkerk

Hauptwerk (II) C–f^3

Bourdon	16’	
Prestant	8’	
Holpijp	8’	
Prestant	4’	
Gedektfluit	4’	
Quint bas	3’	
Octaaf	2’	
Cornet disc. III	8’, 4’, $2\frac{2}{3}$’	
Mixtuur IV	2’	
Trompet	16’	
Trompet	8’	
Harmonica	8’	durchschl.
(Tremulant)		

Rückpositiv (I) C–f^3

Bourdon	16’
Prestant	8’
Roerfluit	8’
Fluit travers disc.	8’
Prestant	4’
Gedektfluit bas	4’
Openfluit disc.	4’
Octaaf	2’
Flageolet	1’
Mixtuur II	1’
Trompet	8’
Dulciaan	8’
(Tremulant)	

Oberwerk (III) C–f^3

Prestant	8’	
Holpijp	8’	
Viola di Gamba	8’	
Prestant	4’	
Gemshoorn	4’	
Blokfluit	2’	
Sesquialter II	$2\frac{2}{3}$’ + $1\frac{3}{5}$’	
Carillon disc. III	4’	
Kromhoorn	8’	
Ophicleide bas	8’	durchschl.
Oboe disc.	8’	
Vox humana	8’	
(Tremulant)		

Pedal C–d^1

Prestant	16’	
Subbas	16’	
Octaaf	8’	
Fluit	8’	
Prestant	4’	
Mixtuur V	2’	
Bazuin	16’	
Trompet	8’	
Serpent	8’	durchschl.
Clairon	4’	

Koppeln:

geteilte Manualkoppeln RP/HW; OW/HW; HW/P; RP/P
Winddruck 78 mm, Tonhöhe b^1 = 440 Hz

Mixturen HW und RP (in Klammern)

C				2’			$1\frac{1}{3}$’		1’	(1’)		($\frac{2}{3}$’)	$\frac{1}{2}$’
c^0				2’			$1\frac{1}{3}$’	($1\frac{1}{3}$’)	1’	1’	(1’)		
c^1	4’	$2\frac{2}{3}$’		2’	(2’)		($1\frac{1}{3}$’)		1’				
c^2	4’	$2\frac{2}{3}$’	($2\frac{2}{3}$’)	2’	2’	(2’)							
c^3	(4’)	($2\frac{2}{3}$’)											

Literatur: Hans van der Harst: *Het orgel in de kerk van Sint Petrus Banden te Oirschot,* in: Het Orgel 1978, S. 296–305; Ders.: *Langs Nederlandse Orgels,* Baarn 1979, S. 34–36.

SCHOONHOVEN, GROTE – OF ST. BARTHOLOMEÜSKERK

Bis 1883 stand in dieser Kirche eine Orgel von Hendrik Niehoff aus dem Jahre 1540. Das Gehäuse dieser Orgel ist heute ein Teil der Transeptorgel in der Grote – of St. Laurenskerk in Rotterdam.

Die heutige Orgel von Schoonhoven wurde 1975 durch die Firma Gebr. van Vulpen als Ersatz für ein pneumatisches Instrument aus den dreißiger Jahren gebaut.

Hauptwerk (II) C–f^3

Quintadeen	16'
Prestant	8'
Roerfluit	8'
Octaaf	4'
Spitsfluit	4'
Quint	$2^2/_3$'
Octaaf	2'
Mixtuur V-VII	$1^1/_3$'
Tertscymbel III	$^1/_6$'
Trompet	8'

Pedal C–f^1

Prestant	16'	C–E aus Subbas
Subbas	16'	
Octaaf	8'	
Roerquint	$5^1/_3$'	
Nachthoorn	4'	
Mixtuur VI	$2^2/_3$'	
Bazuin	16'	
Schalmey	4'	

Rückpositiv (I) C–f^3

Holpijp	8'
Quintadeen	8'
Prestant	4'
Roerfluit	4'
Gemshoorn	2'
Nasard	$1^1/_3$'
Sesquialter II	
Scherp III-IV	1'
Dulciaan	16'
Vox humana	8'
Tremulant	

Koppeln:

RP/HW; HW/P; RP/P

Literatur: Jan Jongepier: *De Bartholomeüskerk te Schoonhoven met een nieuw orgel verrijkt,* in: Het Orgel 1976, S. 100–104.

UTRECHT, DOMKERK

Die Geschichte der heutigen Hauptorgel des Utrechter Doms beginnt (entgegen den Vermutungen, die das jetzt zu sehende Äußere wachruft) schon im Jahre 1569. Das damals noch katholische Domkapitel gab in diesem Jahr Peter Jans de Swart (1536–1597) den Auftrag, ein neues Instrument zu bauen, das im Oktober 1571 zu voller Zufriedenheit vollendet war. De Swart verstand es, in seinen Orgeln eine glückliche Synthese zwischen den jahrhundertealten Utrechter Traditionen und den Neuerungen zu schaffen, die unter dem Einfluß der Renaissance in der Stadt mit den Orgeln der Mariakerk und des Oudmunster als Werken der Brabanter Orgelbauschule Eingang gefunden hatten.

Die Orgel de Swarts hatte etwa 1450 Pfeifen auf drei Manualen: Blockwerk, Oberwerk, Rückpositiv und Pedal. Es war ein außergewöhnliches Instrument, was nicht nur die bewundernden Äußerungen der Zeitgenossen, sondern noch Mitteilungen aus viel späterer Zeit bekunden. So berichtet der bekannte Organograph Joachim Hess 1774 von „*ihren sehr schönen Registern*". Frederik Nieuwenhuijzen, Domorganist von 1778 bis 1840, der das inzwischen sehr alte Instrument kannte wie kein anderer, bestand

1825 darauf, daß die guten Pfeifen in der durch Jonathan und Johan Bätz neu zu bauenden Orgel wieder verwendet würden. Es handelte sich dabei um ca. 1150 Pfeifen, und der Wunsch des Organisten war gar nicht im Sinne der Orgelbauer. Diese zogen es sonst vor, das prächtige Pfeifenwerk des 16. Jahrhunderts einzuschmelzen, so etwa in Weesp 1823 und in der Nieuwe Kerk in Delft 1838.

Als die Gebrüder Bätz 1825 den Auftrag zum Bau der Domorgel erhielten – der ehrenvollste ihres Lebens –, konnten sie auf eine Familientradition von drei Generationen verweisen. Ihr Großvater Johann Heinrich Hartmann Bätz, aus Thüringen stammend, hatte 1740 in Utrecht eine Werkstatt gegründet, die bis 1902 bestehen sollte.

Der Entwurf des Orgelgehäuses stammt von dem Brüsseler Architekten Tieleman Franciscus Suys (1783–1861) und zeigt eine merkwürdige Mischung von neoklassizistischen und neugotischen Formen. Die Orgel wurde in den Jahren 1828 bis 1831

nach recht konservativen Prinzipien erbaut. Dies hatte seinen Grund nicht nur in der Wiederverwendung so zahlreicher alter Pfeifen, sondern auch in der Person von Jonathan Bätz, der hier ganz im Sinne der Bätzschen Werkstättentradition vorging. Nichtsdestoweniger handelt es sich um ein zeittypisches Instrument, das Ergebnis einer Zusammenfassung bodenständiger und deutscher Einflüsse. Zudem geben die ca. 1000 wiederverwendeten Pfeifen des 16. Jahrhunderts dem Klang noch ein eigenes Gepräge. Bei der Abnahme wurde 1831 vor allem „*der runde Ton und die durchdringende Kraft des Vollen Werks*" gerühmt. Aristide Cavaillé-Coll besuchte 1844 den Dom und schrieb an seinen Vater ein begeistertes Urteil über die Qualitäten der Orgel und die solide Arbeit von Bätz.

Nach einigen Eingriffen im späten 19. Jahrhundert wurde die Orgel 1973/75 von der Firma Gebr. van Vulpen vollständig restauriert. Berater waren hierbei Dr. M. A. Vente aus Utrecht und Dr. J. van Biezen aus Wassenaar. Dabei wurde mit Ausnahme der Windversorgung der Zustand von 1831 wiederhergestellt, nur der 1911 hinzugefügte Schwellkasten des Oberwerks blieb in verbesserter Form erhalten.

Hauptwerk (II) C–f^3

Prestant	16'	Diskant 2f., 1831
Bourdon	16'	C–h^0 Eiche, 1831
Octaaf	8'	Diskant 2f., 1831
Roerfluit	8'	1831
Octaaf	4'	Diskant 2f., 1831
Gemshoorn	4'	1975
Quint	3'	Diskant 2f., 1831
Octaaf	2'	Diskant 2f., 1831
Woudfluit	2'	1975
Sesquialter disc. IV		1975 $2^2/_3$', $2^2/_3$', $1^3/_5$', $1^3/_5$'
Mixtuur IV-VIII	2'	1831, geteilt
Fagot	16'	1831
Trompet	8'	1975

Rückpositiv (I) C–f^3

Prestant	8'	ab D 2f., 1831
Holpijp	8'	1831
Quintadeen	8'	1571
Octaaf	4'	Diskant 2f., 1571
Roerfluit	4'	ca. 1700
Quint	3'	Diskant 2f., 1571
Octaaf	2'	Diskant 2f., 1571
Fluit	2'	1975
Cornet disc. V	8'	1831
Mixtuur III-VI	2'	1571
Scherp III-IV	1'	1571
Trompet	8'	1831
Touzijn	8'	1975, Dulzian mit enger Bechermensur, geteilt
Tremulant		1975

Oberwerk (III) C–f³, im Schweller

Prestant	8'	1831
Holpijp	8'	1831
Baarpijp	8'	1831
Viola di Gamba	8'	1831
Fluit travers	8'	ab c⁰, 1831
Octaaf	4'	1571
Openfluit	4'	ca. 1700
Roerquint	3'	1975
Gemshoorn	2'	1571
Flageolet	1'	1571
Carillon III	4'	ab f⁰, 1831
Trompet	8'	1831
Vox humana	8'	1975, geteilt
Tremulant		1936

Pedal C–d¹

Prestant	16'	C–A 2f., 1831
Open Subbas	16'	Eiche, 1831
Octaafbas	8'	1831
Fluitbas	8'	1831
Roerquint	6'	ca. 1700
Octaaf	4'	1571
Mixtuur IV	2⅔'	1571
Bazuin	16'	1831
Trombone	8'	1831
Trompet	4'	1831
Cinq	2'	1831

Koppeln: RP/HW; HW/RP; OW/HW; HW/P; RP/P

Neben der großen Bätz-Orgel befinden sich im Dom noch drei kleine Orgeln. Die wichtigste davon ist eine Kabinettorgel, die 1796 von Gideon Thomas Bätz gebaut wurde. Sie wurde 1967 von der Firma D. A. Flentrop in Zaandam restauriert und hat folgende Disposition:

Manual C–f³

Prestant disc.	8'	Openfluit b/d	4'
Holpijp b/d	8'	Octaaf b/d	2'
Octaaf disc.	4'		

Ferner existiert ein 1961 von dem Orgelbauer H. J. Vierdag gebautes Positiv, das zunächst etwa zehn Jahre im Chor der Oude Kerk in Soest stand und dann in den Utrechter Dom überwechselte.

Manual

Holpijp	8'	Octaaf	1'
Roerfluit	4'	leere Schleife	
Prestant	2'		

Die Truhenorgel in der Domsakristei wurde 1970 ebenfalls von Vierdag in Enschede gebaut. Sie hat die gleiche Disposition wie das Positiv.

Literatur: Gert Oost: *De orgelmakers Bätz,* Alphen aan de Rijn 1975; Dr. Maarten Albert Vente: *Orgels en organisten van de Dom te Utrecht van de 14ᵉ eeuw tot heden,* Utrecht 1975.

UTRECHT, JACOBIKERK

Die Jacobikerk ist eine geräumige spätgotische Hallenkirche, die im 15. Jahrhundert ihre heutige Gestalt erhielt. 1970/76 wurde die Kirche großzügig restauriert und gilt seitdem als eine der schönsten Kirchen unseres Landes. Die Orgel der Jacobikerk wurde ursprünglich 1504/09 erbaut durch Gerrit Petersz, Orgelbauer in Utrecht. Die Abnahme des Instruments verlief nicht unproblematisch. Es gab jahrelange Auseinandersetzungen zwischen Petersz und dem Gemeindevorstand, bis 1516 endlich eine Übereinkunft erzielt wurde. Das hängt wohl damit zusammen, daß Gerrit Petersz als ein tüchtiger, aber äußerst konservativer Orgelbauer galt. In dieser Übergangszeit von der Gotik zur Renaissance wurde die Tendenz zu neuen Pfeifenformen (weite Flöten und Zungen) von Petersz nicht mitgemacht.

1609/10 fand eine gründliche Umgestaltung des hundertjährigen Instruments durch Dirk Petersz de Swart und Jacob Jansz van Lin statt. Danach bestand die Orgel aus drei Manualen mit dem Umfang F, G, A–g^2, a^2 und einem angehängten Pedal. Das Rückpositiv hatte 8, das Oberwerk 7 Register. Den Kern der Orgel bildete ein großes Blockwerk, das hauptsächlich von 1509 stammte.

Eine weitergehende Neugestaltung erfuhr die Orgel 1740/42 durch den Orgelbauer Rudolf Garrels aus Den Haag. Er war ein Schüler Arp Schnitgers und war durch Orgeln in Maassluis und Purmerend bekannt geworden. Er vergrößerte den Manualumfang des Hauptwerks und baute dazu eine neue Schleiflade und ein freies Pedal hinter dem Hauptwerk. Vieles alte Pfeifenwerk wurde weiterverwendet, daneben wurden neue Register hinzugefügt. Die Orgel sah nun so aus: ein Hauptwerk mit 49 Tasten und 13 Registern, das Rückpositiv aus dem 17. Jahrhundert mit 7 Registern und 38 Tasten und ein Pedal mit 27 Tasten und 5 Registern, dazu zwei Koppeln und ein Tremulant. 1750 erhielt die Orgel durch J. H. H. Bätz ein Cornet im Hauptwerk, das für die Begleitung des Psalmgesangs als unentbehrlich galt.

Bis 1800 wurde die Orgel durch die Familie Bätz unterhalten, danach durch Abraham Meere. Dieser veränderte 1807 den Prospekt, indem er 18 Prospektpfeifen hinzufügte. Außerdem machte er neues Schnitzwerk und fünf Vasen und belederte die Bälge neu.

1823 war wieder Zeit für eine große Restaurierung. Abraham Meere ersetzte das Rückpositiv des 17. Jahrhunderts mit seinem beschränkten Umfang durch ein neues mit neuem Gehäuse im Geschmack des frühen 19. Jahrhunderts mit 15 Registern und 49 Tasten. Der Domorganist Frederik Nieuwenhuysen kritisierte die Arbeit: „*Für ein geübtes Ohr erzeugt die ganze Orgel einen unangenehmen Mißklang.*" Meere erhielt für seine Arbeiten 3600 fl. Nach seinem Tod 1842 wurde der Unterhalt seinem Enkel anvertraut. Dieser Meere jun. ersetzte die Pedalmixtur durch ein Roerquint 6'. Nach seinem Tod 1850 übernahm die Firma J. Bätz & Co. den Unterhalt. 1883 führte J. F. Witte eine Reparatur aus. Nach dessen Tod wurde die Orgel von J. de Koff gepflegt, der 1911 eine Anzahl Aliquoten und Mixturen im Zeitgeschmack durch Streicher ersetzte.

1976/78 fand eine gründliche Restaurierung statt, ausgeführt durch die Gebr. van Vulpen in Utrecht, beraten durch Dr. M. A. Vente und Dr. J. van Biezen. Die Absicht war dabei, Hauptwerk und Pedal in den Zustand von 1743, das Rückpositiv in den Zustand von 1823 zurückzuführen. Hinzugefügt wurden eine Pedalkoppel und eine Transmission des Prinzipal 16' aus dem Hauptwerk ins Pedal. Das Gehäuse wurde neu mit schöner dunkelroter Farbe bemalt, die es auch 1743 hatte.

Hauptwerk (II) C–c³

Prestant	16'	
Octaaf	8'	
Holpijp	8'	
Octaaf	4'	
Openfluit	4'	
Roerfluit	4'	
Quint	3'	
Octaaf	2'	
Woudfluit	2'	1978
Cornet disc. IV	4'	
Sexquialter III		
Mixtuur IV-VI		geteilt
Trompet	8'	1978
(Tremulant)		

Pedal C–d¹

Prestant	16'	Transmission HW
Bourdon	16'	
Octaaf	8'	
Octaaf	4'	
Mixtuur IV-V		1978
Bazuin	16'	

Rückpositiv (I) C–c³

Prestant	8'	
Holpijp	8'	
Quintadeen	8'	
Fluit travers disc.	8'	1978
Octaaf	4'	
Gemshoorn	4'	
Octaaf	2'	
Woudfluit	2'	
Quint	1½'	
Flageolet	1'	1978
Carillon disc. III	4'	
Sexquialter disc. II		1978
Mixtuur III-VI		geteilt
Fagot	8'	geteilt
Vox humana b/d	8'	1978
(Tremulant)		

Koppeln:

HW/P; RP/P; RP/HW

Literatur: Gert Oost: *De orgelmakers Bätz,* Alphen a. d. Rijn 1975; Dr. M. A. Vente: *Orgels en organisten van de Dom te Utrecht van de 14de eeuw tot heden,* Utrecht 1975; Dr. J. van der Werf: *Het orgel van de Jacobikerk te Utrecht,* o. J.

UTRECHT, NICOLAIKERK

Die Nicolaikerk wurde im 12. Jahrhundert gegründet, in den Jahren 1465/75 entstand das gotische Schiff, während der Westgiebel seinen romanischen Charakter behielt. 1970/78 wurde die Kirche gründlich restauriert.

Peter Gerritz lieferte 1479 eine neue Orgel. Sie hatte die damals gebräuchliche Blockwerkslade. 1547 wurde die Orgel durch Cornelis Gerritz verändert und erweitert, so daß sie ein Hauptwerk als Blockwerk und ein Oberwerk mit Springladen besaß. 1580 wurde sie noch einmal erweitert, nun durch ein Rückpositiv mit Schleiflade und eine Trompete 8' für das Pedal. Bis 1888 tat dieses Werk seinen Dienst. Es wurde dann durch ein neues Instrument ersetzt und in das Rijksmuseum nach Amsterdam gebracht. 1956 wurde dieses einzigartige Beispiel einer Renaissanceorgel in der Koor-Kerk in Middelburg aufgestellt, wo es noch steht, allerdings unspielbar.

Die neue Orgel wurde 1888 durch J. F. Witte mit 25 Registern auf Hauptwerk, Schwellwerk und Pedal erbaut. Ihre Disposition wurde 1943 verändert. In den fünfziger Jahren wurden vor allem auf Initiative des damaligen Organisten Lambert Erné (1915–1971) Pläne zum Neubau einer Orgel gemacht, die dem Klangideal der Nachkriegszeit entsprechen sollte. Die Witte-Orgel wurde an die Hervormde Gemeente in Maasland verkauft, und 1956/57 baute die Firma Marcussen & Son in Aabenraa eine neue Orgel. Dieses Instrument galt jahrelang als Vorbild für den niederländischen Orgelbau. Das ist vor allem dem enormen Eifer zu verdanken, mit dem Lambert Erné zahllose Gemeinden im Land bei ihren Orgelneubauten beriet.

Hauptwerk (II) C–f³

Quintadeen	16'	
Prestant	8'	
Roerfluit	8'	
Octaaf	4'	
Spitsfluit	4'	
Octaaf	2'	
Mixtuur VI-VIII		
Cymbel III		
Trompet	8'	horizontal
Cymbelstern		

Rückpositiv (I) C–f³

Gedekt	8'
Prestant	4'
Roerfluit	4'
Octaaf	2'
Nasard	1⅓'
Sesquialter II	
Scherp IV	1'
Dulciaan	16'
Kromhoorn	8'
(Tremulant)	

Brustwerk (III) C–f³

Gedekt	8'
Blokfluit	4'
Prestant	2'
Woudfluit	2'
Sifflet	1'
Cymbel II	
Regaal	8'
(Tremulant)	

Pedal C–f¹

Prestant	16'
Octaaf	8'
Octaaf	4'
Mixtuur VI	
Fagot	32'
Bazuin	16'
Trompet	8'
Schalmei	4'

Koppeln:

RP/HW; BW/HW; HW/P; RP/P

Das Fagott 32' wurde von Lambert Erné gestiftet.

Literatur: Dr. M. A. Vente: *Die Brabanter Orgel,* Amsterdam 1958.

Utrecht, Nicolaikerk

UTRECHT, SINT AUGUSTINUSKERK (OUDE GRACHT)

Die St. Augustinuskerk wurde 1839/40 gebaut, von dem Haarlemer Architekten K. G. Zocher (1796–1864) entworfen. Es handelt sich um einen sehr geräumigen Saalbau im neoklassizistischen Stil mit einer Höhe von 16 Meter.

Die Orgel wurde 1843 durch den Utrechter Orgelbauer H. D. Lindsen fertiggestellt, das Gehäuse wurde wahrscheinlich ebenfalls von Zocher entworfen.

Nach der Fertigstellung hatte die Orgel eine vernichtende Presse. Man konnte kein Verständnis aufbringen für die fast barocke Disposition, die Lindsen hier gebaut hatte.

Andere Orgelbauer in Utrecht wie Bätz und Stulting & Maarschalkerweerd gingen nach diesen Kritikern mehr mit der Zeit. 1843 muß die Disposition folgendermaßen ausgesehen haben:

Hauptwerk

Prestant	16’	
Prestant	8’	
Holpijp	8’	
Octaaf	4’	
Gemshoorn	4’	
Quint	3’	
Octaaf	2’	
Mixtuur IV-VI		geteilt
Fagot disc.	16’	
Trompet	8’	geteilt

3 Sperrventile
2 Koppeln
Tremulant

Oberwerk

Baarpijp	8’
Quintadena disc.	8’
Viola di Gamba disc.	8’
Prestant	4’
Fluit	4’
freie Schleife	
Dulciaan	8’

Pedal

Subbas	16’
Prestant	8’
Octaaf	4’
Octaaf	2’
Fagot	16’
Trompet	8’

Gegen Ende des 19. Jahrhunderts wurde das Instrument durch Maarschalkerweerd verändert. Er ersetzte einige Register durch andere, veränderte die Mensuren und brachte einen Schwellkasten an. Später wurde ein pneumatischer Spieltisch aufgestellt.

1973 wurde die Orgel durch die Firma L. Verschueren in Heythuysen restauriert; die Beratung hatte Hans van der Harst. Das Ziel dieser Restaurierung war es, alles vorhandene Lindsen-Pfeifenwerk beizubehalten und auch für die wertvolle Substanz von Maarschalkerweerd eine geeignete Verwendung zu finden.

Die Klaviaturen erhielten wieder ihren alten Platz an der Vorderseite, die Mechanik wurde ganz neu gebaut, der Schwellkasten entfernt und das Gehäuse restauriert.

Hauptwerk (I) C–f^3

Prestant	16'	F–g^2 im Prospekt
Prestant	8'	
Roerfluit	8'	C–H Eiche
Octaaf	4'	
Fluit	4'	C–fis^2 gedackt
Quint	3'	1973
Octaaf	2'	
Cornet disc. V	8'	
Mixtuur III-VI	$1^1/_3$'	
Trompet	8'	franz. Bauart

Oberwerk (II) C–f^3

Baardpijp	8'	
Quintadeen	8'	
Viola di Gamba	8'	
Salicet	4'	Dolkan
Fluit travers	4'	
Woudfluit	2'	
Carillon	1'	ab c^0 + $1^3/_5$' 1973
Basson-Hautbois	8'	franz. Bauart

Pedal C–d^1

Open Subbas	16'	Holz
Prestant	8'	im Prospekt
Octaaf	4'	
Bazuin	16'	deutsche Bauart
Trompet	8'	franz. Bauart

Koppeln:

HW/P; OW/P; OW/HW

Mixtur HW

C						$1^1/_3$'	1'	$^2/_3$'
G				2'		$1^1/_3$'	1'	$^2/_3$'
e^0			$2^2/_3$'	2'		$1^1/_3$'	1'	$^2/_3$'
c^1		4'	$2^2/_3$'	2'		$1^1/_3$'	1'	$^2/_3$'
g^1		4'	$2^2/_3$'	2'		$1^1/_3$'	1'	
g^2	4'	4'	$2^2/_3$'	2'		$1^1/_3$'	1'	
c^3	4'	4'	$2^2/_3$'	2'	2'			

Auf der Pfeife C des Prästant 16' steht: „*Diese Pfeife wurde aufgestellt am 4. April 1843 durch J. A. Matlung, Geselle des Herrn H. D. Lindsen, Orgelbauer in Utrecht.*" Darunter steht in anderer Schrift: „*Er war ein Narr.*"

Literatur: Hans van der Harst: *Het orgel in de St. Augustinuskerk te Utrecht,* o. J.

UTRECHT, SINT NICOLAASKERK (BOERHAAVEPLEIN)

Die Orgel dieser Kirche ist ein Werk des Utrechter Orgelbauers J. H. H. Bätz aus dem Jahr 1758. Er baute sie für die Hervormde Kerk in Oosterhout.

Am 6. September 1756 erklärt die Gemeinde von Oosterhout, „*daß wir schon seit geraumer Zeit während des Singens der Psalmen der Herren in der Kirche von Oosterhout viele Konfusion bemerkt haben und hinzu kommt, daß zum einen die Gemeinde im Psalmengesang wenig erfahren ist und zum anderen zu groß an Zahl ist, um durch die Stimme eines Vorsängers in Ordnung und Ton gehalten werden zu können*". Sie ersucht die Prinzessin von Oranien, die das Patronat über Oosterhout innehat, „*eine Orgel errichten zu dürfen, wodurch der Psalmengesang dem Ohr der Gemeinde sehr lieblich und zugleich vortrefflich zu Gottes Ehre werden solle*".

Am 9. Oktober 1756 wurde dann mit J. H. H. Bätz der Vertrag geschlossen, beinahe zwei Jahre später, am 27. Juli 1758, ist die Orgel fertig. Sie hat ein Manual mit dem Umfang C–d^3 und elf Register, ein angehängtes Pedal (C–c^1) und drei Bälge. Sie kostete 1900 fl.

1798 ging die Kirche in katholische Hände über. Die Firma Maarschalkerweerd & Zoon in Utrecht erhielt 1888 den Auftrag, für Oosterhout eine neue Orgel zu bauen. Die Bätz-Orgel wurde verkauft und durch die Firma Maarschalkerweerd in der St. Monicakerk in Utrecht aufgestellt. Bei dieser Gelegenheit wurde sie um ein Schwellwerk und ein freies Pedal erweitert. Der Manualumfang wurde bis f^3 ausgedehnt, der Pedalumfang bis d^1. Die Traktur wurde zum Teil pneumatisch. In dieser Form stand die Orgel bis 1970 in der St. Monicakerk. In diesem Jahr wurde die Kirche geschlossen und einige Jahre später abgebrochen. Die Bätz-Orgel wurde durch die Firma Gebr. Vermeulen in Weert restauriert, in ihren ursprünglichen Zustand zurückversetzt und in der Sint Nicolaaskerk aufgestellt. 1978 wurde die Restaurierung vollendet.

Die jetzige Disposition:

Manual C–d^3			*Pedal* C–c^1
Bourdon	16’	geteilt	angehängt
Prestant	8’	Diskant 2f.	
Roerfluit	8’		
Octaaf	4’		
Gemshoorn	4’		
Quint	3’		
Octaaf	2’		
Flageolet	1’		
Mixtuur III-VI	2’	geteilt	
Cornet disc. IV	4’		
Trompet	8’	geteilt, 1978	
freie Schleife			
(Tremulant)			

Literatur: Gert Oost: *De orgelmakers Bätz,* Alphen a. d. Rijn 1975, S. 327; Hans van der Harst: *Het orgel in de Parochiekerk van de H. Nicolaas te Utrecht,* in: Het Orgel 1979, S. 188–191.

WEESP, GROTE – OF SINT LAURENSKERK

1592 baute der Utrechter Orgelbauer Peter Jans de Swart eine große Orgel mit drei Manualen. Der Kern dieses Instrumentes wurde durch ein 16chöriges Blockwerk gebildet. Joachim Hess, der viele Orgeln des 16. Jahrhunderts gehört und gespielt hatte, veröffentlichte in seiner Dispositionssammlung von 1774 ein lobendes Urteil über das Werk de Swarts.

Zu Beginn des 19. Jahrhunderts war die Orgel in einem traurigen Zustand, und im November 1820 nahm der Kirchenvorstand mit dem Orgelbauer Jonathan Bätz in Utrecht

Kontakt auf. Im Juni 1821 besuchte er dessen Werkstatt und bewunderte dort die soeben vollendete Orgel für die Hervormde Kerk von Nieuwenhoorn. Im Januar 1822 schloß man mit Bätz einen Vertrag zum Bau einer neuen Orgel mit Hauptwerk, Rückpositiv und angehängtem Pedal und 23 Registern. 1823 wurde die Orgel durch die Gebr. Jonathan und Johann Martin Willem Bätz vollendet und am 12. Oktober in Gebrauch genommen. Der Preis der Orgel betrug 10600 fl., wobei die Kosten für das Fundament, Empore, Balghaus, Schreiner-, Maler-, Vergolder- und Bildhauerarbeiten nicht einbegriffen waren. Die Orgel wurde bis 1902 von der Werkstatt Bätz/Witte gepflegt. 1852 reinigte C. C. F. Witte die Orgel und ersetzte die Holquint $1^{1}/_{2}$' des Rückpositivs durch eine Viola di Gamba 8'. 1891 reparierte sein Sohn J. F. Witte, wobei das Gehäuse neu bemalt wurde.

Der größte Eingriff fand 1937 statt. Die Firma J. C. Sanders & Zoon in Utrecht vergrößerte das Instrument um eine selbständige Pedallade mit elektrischer Traktur. Mit den beiden ersten Oktaven des Bourdon 16' aus dem Hauptwerk und zusätzlichem neuen Pfeifenwerk wurde das Pedal mit Subbaß 32' (akustisch), Subbaß 16' und Gedacktbaß 8' besetzt. Darüber hinaus wurden die Schleifenteilungen beseitigt, ein neues Pedal (C–f^1) und Koppelschaltungen als Fußtritte eingebaut. Dadurch wurden Registerzüge frei, die für die neuen Pedalstimmen benutzt wurden.

In den siebziger Jahren wurde die schöne spätgotische Kirche gründlich restauriert. 1977/78 geschah gleiches an der Orgel durch die Firma K. B. Blank & Zoon in Herwijnen unter Beratung von Hans Erné unter Aufsicht der Staatlichen Denkmalpflege. Dabei wurde der ursprüngliche Zustand des Werks wiederhergestellt. Die Zufügungen von 1937 wurden entfernt, die Viola di Gamba 8' aus 1852 wieder durch Holquint $1^1/_2$' ersetzt. Früher schon wurden die vier Spanbälge restauriert. Auch verfertigte Blank eine neue Pedalklaviatur nach alten Vorbildern.

Merkwürdig ist, daß das Gehäuse nicht restauriert wurde. Die Eichenimitation von 1891 wurde nicht entfernt, obwohl die originale Farbgebung darunter noch vorhanden ist.

Diese schöne Orgel, die in klanglicher und technischer Hinsicht ihre alte Schönheit wiedererhalten hat, wurde am 8. Juli 1978 erneut in Gebrauch genommen. Die Disposition ist wieder die gleiche wie 1823:

Hauptwerk (II) C–f^3

Prestant	16'	
Bourdon	16'	
Prestant	8'	
Roerfluit	8'	
Octaaf	4'	
Gedektfluit	4'	
Quint	3'	
Octaaf	2'	
Cornet disc. V	8'	
Sexquialter disc. III		
Mixtuur IV-VIII		geteilt
Trompet	8'	geteilt
Vox humana	8'	geteilt
(Tremulant)		

geteilte Manualkoppel

Rückpositiv (I) C–f^3

Prestant	8'	
Holpijp	8'	
Octaaf	4'	
Roerfluit	4'	
Gemshoorn	2'	
Holquint	$1^1/_2$'	1978
Flageolet	1'	
Sexquialter disc. II		
Mixtuur III-IV		
Fagot	8'	
(Tremulant)		

Pedal C–d^1

angehängt

Literatur: Dr. M. A. Vente: *Die Brabanter Orgel,* Amsterdam 1958, S. 145, 155; Gert Oost: *De orgelmakers Bätz,* Alphen aan de Rijn 1975, S. 364 f.; Hans Kriek: *Het orgel in de Hervormde Kerk te Weesp,* in: Het Orgel 1979, S. 192 f.

BIBLIOGRAPHIE

Dr. Arend Jan Gierveld: *Het Nederlandse huisorgel in de 17de–18de eeuw,* Utrecht: Vereniging voor Nederlandse Muziekgeschiedenis 1977

Joachim Hess: *Dispositien der merkwaardigste Kerk-Orgelen . . .,* Gouda 1774. Faksimileausgabe Buren: Frits Knuf 1980

Dr. Gert Oost: *De orgelmakers Bätz (1739–1849),* Alphen a. d. Rijn: Cannaletta 1977

Langs Nederlandse Orgels, 4 Bde., Baarn: Bosch & Keuning:
Jan Jongepier: *Noord-Holland, Zuid-Holland, Utrecht,* 1977
Drs. J. F. van Os: *Overijssel, Gelderland,* 1978
Frans Talstra: *Groningen, Friesland, Drenthe,* 1978
Hans van der Harst: *Zeeland, Brabant, Limburg,* 1979

Gerard Verloop: *Small organs in Holland,* Schagen: De Mixtuur 1978

Bert Wisgerhof: *Utrechts Orgellandschap,* Amersfoort: J. C. Willemsen 1979

DISKOGRAPHIE

Utrecht, Dom, Hauptorgel (Bätz, 1831)

1. Fidelio SPH 751 (Happy Music I). Stoffel van Viegen (Bach, Raick, Cabanilles, Loeillet, Scarlatti, Pescetti).
2. Fidelio LOG 2505 (Happy Music II). Stoffel van Viegen (Hol, Wesley, Pachelbel, W. F. Bach, Haydn, van den Gheyn, Mendelssohn, Franck).
3. C. R. I. 180536: Jaap Zwart jr. (Rheinberger, Mendelssohn, Reger).
4. ,,*Kerkmuziek Dom 1978*". Jan Jansen (Mendelssohn, 6 Sonaten), mit Motetten von Mendelssohn, gesungen von der Domkantorei.
5. ,,*Kerkmuziek Dom 1979*". Jan Jansen (Brahms), mit Motetten von Brahms, gesungen von der Domkantorei.

Utrecht, Dom, Kabinettorgel (Bätz, 1796)

,,*Aan Volk en Overheden*". Gert Oost spielt an den Bätz-Orgeln im Utrechter Dom, Woerden, Den Haag, Heukelum und 's-Graveland (Nieuwenhuijsen, Geilfus, Hol, Hurlebusch, Pool).

Utrecht, Sint Augustinuskerk (Lindsen, 1843)

,,*Aktie Orgel Muziekcentrum Utrecht*". Piet van der Steen (Pierné, ,,Trois Pièces") mit: Stoffel van Viegen an der Domorgel (Mendelssohn, 3. Sonate) und andere Utrechter Orgeln.

Kampen, Bovenkerk (Hinsz, 1743)

1. C. C. H. K. 1002: Piet Wiersma (Buxtehude, Bach, Oley, Telemann, Brahms, Mendelssohn, de Wolf). (Nur in Kampen erhältlich.)
2. ,,*Kerk en Muziek Kampen*" 1001/2: Ewald Kooiman (Bach, Krebs, Vierling, Kittel, Kirnberger, Müthel, Kellner). Auch bei Motette-Ursina, Wiesbaden.
3. ,,*Kerk en Muziek Kampen*" 1003: Ewald Kooiman (Joh. Seb. Bach, Joh. Chr. Bach, Krebs, Kirnberger).
4. ,,*Kerk en Muziek Kampen*" 1004: ,,*Jan Zwart en tijdgenoten*". Ewald Kooiman (Zwart, Mobach, Litzau, Guilmant).
5. ,,*Kerk en Muziek Kampen*" 1006: Klaas Bolt (Böhm, Albrechtsberger, Walther, Krebs, Goudimel, Improvisation).
6. ,,*Kerk en Muziek Kampen*" 2009/10: Ewald Kooiman (Bach).

Hattem, Grote Kerk, Hauptorgel (Flentrop, 1975)

„Flentrop Orgelbouw 75 Jaar". Ewald Kooiman (Lasceux, Balbastre), mit anderen Flentrop-Orgeln. (Erhältlich bei: Flentrop Orgelbouw, Westzijde 57, NL-1506 EC Zaandam.)

Deventer, Grote Kerk (Holtgräve, 1839)

1. Deogram 7510–02: Jan Kleinbussink (Sweelinck, Bach, Buxtehude, Krebs, Marchand, Reger). (Nur in Deventer erhältlich.)
2. Philips 6700 114: Daniel Chorzempa (Bach: Leipziger Choräle).

Helmond, Sint Lambertuskerk (Robustelly, 1771)

1. Eurosound ES 46.264: Kees van Houten (Bach, Balbastre, Couperin, Dandrieu, Franck).
2. Eurosound 313–16: Kees van Houten (Dandrieu, Balbastre).

Kampen, Buitenkerk (Hinsz, 1754)

Jubal ZV 8017 *(„Kampen Orgelstad 4").* Andries van Rossum (Krebs, Bach, Stanley) mit: Kampen, Ev. Luth. Kerk (Naber, 1843): Jan van Rossum (Rinck, Brahms).

Oirschot, Sint Petruskerk (Smits, 1846)

Eurosound ES 46.402 *(„Brabantse Orgelcultuur").* Louis Toebosch (van Oers, van Amelsfoort, Toebosch, Langlais, Hens). (Erhältlich durch Überweisung von hfl 25,50 auf Postscheckkonto 1092-410 von Provinciaal Genootschap van Kunsten en Wetenschappen in 's-Hertogenbosch.)

Breda, Grote Kerk (Flentrop, 1969)

1. Philips 6500 214: Daniel Chorzempa (Bach).
2. Jubal ZV 8015: George Stam (Improvisationen).
3. Festivo 075: Herman van Vliet (Reger).
4. Vista VRS 1982: Tijn van Eijk (Marchand, Franck, Alain, Andriessen, Manneke).

Gouda, Grote Kerk, Hauptorgel (Moreau, 1736)

6810 187: Wim van der Panne (Buxtehude, Bach, du Mage, Pachelbel, Walther, Couperin). Aufgenommen vor der letzten Restaurierung.

Gouda, Grote Kerk, Chororgel (Leeflang, 1975)

Intersound 6814 050: Wim van der Panne (Bach, Buxtehude, Krebs), mit Frank van Koten, Oboe.

Nijmegen, Grote Kerk, Hauptorgel (König, 1776)

1. Eurosound ES 46.282: Derk Jansen (Bach, Reger, Franck).
2. E. M. I. 5 C 051–25240: Jan Welmers (Clérambault, Alain). Wim Hendrickx (Muffat, van den Kerckhoven, Reger).
3. Jubal ZV 8018: George Stam (de Wolf).